AF342746

LE MOUVEMENT OUVRIER

EN GRANDE-BRETAGNE

Augustin Hamon

Le Mouvement Ouvrier

EN

Grande-Bretagne

PARIS
Librairie du *Parti socialiste* et de *L'Humanité*
142, Rue Montmartre, 142
1919

Le Mouvement ouvrier en Grande-Bretagne

I. — Pendant la guerre

La guerre mondiale a suspendu le cours ordinaire de la vie sociale des hommes : un nouvel état de choses s'est substitué momentanément à l'ancien, d'ailleurs plus en apparence qu'en réalité. Pour répondre à l'agression des ennemis (chose curieuse, tous les gouvernements disaient qu'ils faisaient une guerre défensive, et tous les peuples pieusement le croyaient) partout les dirigeants célébrèrent la nécessité et les avantages de l'entente entre toutes les classes sociales, entre tous les partis politiques. Et partout les masses populaires, rurales et urbaines, prises par le sentiment et l'idéal, acceptèrent volontiers et réalisèrent pleinement cette entente. Ici, elle s'appela « l'union sacrée », là, elle revêtit la forme d'un « gouvernement de coalition ». C'est sous ce dernier terme que ce phénomène sociologique se présenta en Grande-Bretagne.

Le prolétariat britannique accepta volontiers la suspension des lois protectrices du travail, des libertés syndicales, des grèves. La lutte de classe faisait place à la coopération des classes. Mais comme la lutte de classe est un phénomène sociologique indépendant de la volonté de

quelques individus, fussent-ils rois, ministres, députés
ou simples leaders ouvriers, parce qu'il est conditionné
par des facteurs économiques et psychologiques en dehors
de leur puissance, la lutte des classes continua en réalité.
A peine si elle revêtit une nouvelle forme momentanée.
Les dirigeants, capitalistes, industriels, financiers et commerçants, s'empressèrent de prouver la vérité de cet axiome
d'économie politique : le temps de guerre est un temps de
moisson dorée pour les capitalistes. Ils entassèrent, en
Grande-Bretagne, des millions de francs sur d'autres millions de francs. Mais cela ne fut pas sans être perçu par
les ouvriers, surtout par ceux du Pays de Galles et de
l'Ecosse, qui possèdent une souplesse et une vivacité intellectuelles plus développées que les Anglais proprement
dits. N'oublions point, en effet, que nous sommes en présence, dans les îles britanniques, de quatre mentalités se
différenciant quelque peu : l'anglaise, l'écossaise, la gal-
loise, l'irlandaise.

Les mineurs du Sud du Pays de Galles d'abord, puis
les constructeurs de navires de la Clyde (Ecosse) se ressai-
sirent vite de leur emballement sentimental, en voyant les
patrons s'enrichir et le travail s'intensifier. Ils firent des
grèves en dépit des lois : « Munitions Act » et « Defense of
the Realm Act » (D. O. R. A.), qui les interdisaient. Et le
Gouvernement céda parce que les ouvriers tenaient dans
leurs mains le sort de la Grande-Bretagne et par consé-
quent celui du monde occidental en lutte contre les Puissances centrales. Ils le tenaient en mains parce que d'eux
dépendaient l'extraction de la houille indispensable aux
usines, aux flottes et la construction des navires indispen-
sables pour amener sans cesse les vivres et matières pre-
mières du monde entier. Comme je l'ai montré dans mes
« Leçons de la Guerre mondiale » (Chap. III et IV), ces

actes des ouvriers du Sud de Galles et de la Clyde mettaient en lumière cet enseignement que tout ouvrier devrait toujours avoir à l'esprit : le travail manuel est indispensable à la vie des hommes ; les lois ne sont valables et appliquées que si elles sont volontairement acceptées par la majorité des hommes ; de fortes minorités organisées les rendront toujours inapplicables si elles le veulent ; le gouvernement des hommes se résout, en fin d'analyse, à une question d'équilibre de forces.

Le prolétariat britannique urbain, très fort avec son organisation syndicale, obligea en fait les gouvernants à relâcher considérablement les chaînes forgées par les Munitions Act et le D. O. R. A. Ces deux lois étaient énervées, du moins en ce qui concerne leur application au monde du travail. Et pourtant, celui-ci, dans son ensemble, soutenait la conduite de la guerre jusqu'à l'écrasement du militarisme et du kaiserisme allemands, et, par voie de conséquence, du militarisme et du kaiserisme mondiaux. Cette volonté consciente ou intuitive des masses fut même heurtée par les agissements d'une minorité de socialistes et de démocrates appartenant à l'I. L. P. (Independent Labour Party) et à l'U. D. C. (Union of Democratic Control). Méconnaissant le caractère idéologique de la guerre, n'apercevant pas que sa durée et son extension créaient des conditions économiques et politiques révolutionnaires et un état d'esprit révolutionnaire (1), milieu tout à fait favorable à la destruction de la société capitaliste dont ils étaient les adversaires, et à l'établissement de la société socialiste dont ils étaient les protagonistes, ces socialistes et ces démocrates propagandaient pour une paix rapide et

------

(1) Cf. mes « Leçons de la guerre mondiale. »

de compromis. Ils perdirent ainsi une fraction de leur influence sur les masses ; mais d'autre part, par leur incessante lutte en faveur des libertés, ils maintinrent l'esprit de liberté dans le monde britannique, l'empêchant de sombrer dans l'autocratisme conservateur cher aux gouvernements de coalition. Cette minorité de socialistes et de démocrates eût agi sur les masses avec bien plus de force, eût promu le progrès avec plus de rapidité si elle n'avait pas été la victime de son erreur pacifiste. Peut-être ce qui se passe actuellement dans le monde ouvrier britannique se fût-il alors passé en 1916 ou en 1917, et l'humanité eût vu alors une révolution plus grande encore que celle de Russie. Mais telle quelle, cette minorité, malgré son erreur, servit réellement la Démocratie et le Prolétariat.

Bien que la lutte de classe fut apparemment suspendue, le prolétariat britannique avait la notion instinctive ou consciente qu'elle réapparaîtrait violente à la fin des luttes nationales en cours. Il s'y prépara lentement mais sûrement, comme il fait tout. Au cours de la guerre, il accrut considérablement les ressources de sa caisse de grève et le nombre de ses adhérents. Les hommes, par millions, s'étaient engagés volontairement dans l'armée. Les femmes durent les remplacer dans les ateliers et les usines, dans les bureaux et les magasins. Et tous ou quasi tous s'inscrivaient aux syndicats, payant des cotisations qui crurent avec l'élévation des salaires. La fédération des mécaniciens et métallurgistes eut un trésor de guerre qui, à fin 1915, atteignait près de vingt-cinq millions de francs, comme me le disait un des employés. La force de ces syndicats était telle que les gouvernants s'entendaient avec leurs secrétaires et autres fonctionnaires pour le règlement des prix, heures et conditions de travail. Le plus souvent, l'adhésion au syndicat était nécessaire pour pouvoir travailler dans les usines. A diverses reprises, le gouvernement, pour éviter une grève, dut peser sur le patronat afin qu'il refusât l'embauche d'ouvriers ou d'ouvrières non syndiqués.

Bref, ce temps de guerre fut un temps de préparation matérielle formidable aux luttes futures de classe. C'était aussi un temps de préparation mentale. L'accession de la femme aux usines lui fit percevoir l'utilité, la nécessité du syndicat et de la lutte de classe. L'entrée de millions d'hommes, arrachés à l'usine et à la terre, dans l'armée où ils subirent tous les maux de la guerre et du militarisme, développa chez la très grande majorité d'entre eux un esprit de révolte, un irrespect de l'autorité, une haine de la guerre et du militarisme, une insouciance de la mort et de la souffrance, un désir intense de remplacer le mal qui est par un état social meilleur où ne se verraient plus les pourritures physiques, morales et intellectuelles au milieu desquelles ils vivaient dans les tranchées et les camps. Il se forma donc, au cours des cinquante et un mois de guerre, une situation économique et un état mental révolutionnaires, qui avaient toutes probabilités de se révéler en pleine lumière après la guerre, au moment où les masses humaines verraient leur idéal non réalisé — il ne faut pas oublier que les masses ont été entraînées dans la guerre seulement par un idéal — et où elles constateraient que les dirigeants leur avaient menti, pour utiliser, dans leur intérêt de classe, le meilleur côté de la nature humaine des dirigés. Plus la désillusion serait grande, plus formidable serait alors la lutte de classe, quelque forme qu'elle revêtit.

Il fallait être aveugle et sourd pour ne pas voir et ne pas entendre ces forces en mouvement qui, souterrainement, se préparaient à la lutte. Il fallait être fou pour n'y prêter aucune attention ou pour les activer par des mesures de coercition d'une part, et d'autre part par le refus de tenir compte des volontés et des aspirations des masses.

II. — LE RAPPORT WHITLEY. — COOPÉRATION DU CAPITAL ET DU TRAVAIL

Dans le monde entier, les dirigeants furent aveugles, sourds et fous. Mais en Grande Bretagne, ils le furent un peu moins. Subissant l'influence de la puissance syndicale si visible et si tangible, d'une part, et d'autre part, pénétrés de leurs habitudes de compromis, ils tentèrent de satisfaire le prolétariat tout en garantissant et en fortifiant la classe capitaliste. Ils imaginèrent donc de créer toute une organisation d'entente entre le capital et le travail. C'était une série de comités, les « joint standing industrial councils », ou employeurs et employés se trouveraient ensemble pour résoudre amiablement toutes les questions qui leur étaient communes. Le système comprenait un « National Council » des « Local Councils », pour chaque ville et région, et enfin des « Works Committees » pour les usines. Cette organisation imaginée par une Commission fut exposée dans un rapport connu sous le nom de « Rapport Whitley » (mars 1917). Le gouvernement déclara que sa politique industrielle était celle indiquée dans ce rapport. Les Congrès des Trades Unions en 1917 et 1918 l'endossèrent à leur tour. En somme, l'esprit de compromis et la politique d'entente l'emportaient. En fin d'analyse, ce système fortifiait le patronat, assurait le régime de propriété capitaliste et ne donnait que des satisfactions apparentes au monde ouvrier.

Gouvernants et dirigeants pensèrent avoir obvié à la

lutte de classe. Ils comptaient sans les masses prolétariennes, dont l'esprit était autre que celui des fonctionnaires de syndicats et des délégués de congrès. Le phénomène s'avéra après la signature de l'armistice, le 11 novembre 1918, quand les grèves s'étendirent successivement sur toutes les Iles Britaniques, en décembre, janvier et février.

III. — LA LUTTE DE CLASSE. — GRÈVE DE SOLDATS ET D'OUVRIERS

Le 3 janvier, soudainement, les soldats de Folkestone se mutinèrent ou, si l'on préfère, firent grève. Ils étaient une dizaine de mille, et point ne voulaient aller sur le continent, dans l'armée d'occupation. Ils entendaient être démobilisés et ne voulaient attendre le bon plaisir des grands chefs et du Gouvernement. Avec un ordre et une méthode admirables, ils occupèrent le port, empêchant les bateaux contenant des troupes de sortir, sauf ceux avec des troupes canadiennes et australiennes. Il appartenait à celles-ci de faire ce qu'elles voulaient, et, à la vérité, elles interdirent à leurs bâteaux de quitter Folkestone. Quelques officiers qui voulurent s'opposer à l'action des hommes, furent vite ramenés à la notion de leur impuissance. D'autres voulurent partir pour la France. Les hommes le leur interdirent. Le Ministre de la Guerre à Londres fut prévenu. Télégraphes et téléphones fonctionnèrent activement. Que faire ? Des généraux arrivèrent à Londres. Ils tentèrent de dresser d'autres soldats contre leurs frères, mais l'échec fut lamentable. Il fallut alors parlementer. Les généraux s'y résignèrent. Ils entrèrent en pourparlers avec les délégués des « Conseils de soldats », car il s'en était formé, comme il s'en était formé en Russie et en Allemagne. Le fait intéresse d'autant plus le sociologue

qu'à la même époque, des généraux anglais, en Allemagne
occupée, refusaient de recevoir des délégués des conseils
de soldats allemands, et ordonnaient leur dissolution. A
Folkestone, d'autres généraux s'entendirent avec eux, tant
il est vrai que la force est le seul argument que comprennent les gouvernants, dont le système de gouvernement
est toujours basé sur la contrainte et la crainte.

Les « Conseils de Soldats » sont composés de « syndiqués ». L'armée ne compte-t-elle pas dans son sein de 80 à
90 o/o de syndiqués d'avant-guerre, ouvriers et employés ?
Naturellement, l'uniforme et la guerre n'avaient pas altéré
la mentalité des hommes au point de leur faire oublier les
bénéfices qu'ils retiraient de l'union et du syndical. Au
contraire, cet esprit d'union et de syndicalisme s'était renforcé sous la pression des circonstances de guerre. Aussi
existait-il des « Trades Unions de Soldats », occultes, certes, mais couvrant plus ou moins l'armée. Les mêmes besoins créent les mêmes organes dans des lieux divers.

Donc, les généraux parlementent avec les délégués des
conseils de soldats. Ils accèdent à la volonté des hommes :
démobilisation immédiate de tous ceux qui avaient trouvé
du travail civil, une semaine de congé pour les autres afin
d'en chercher. Les soldats avertissent aussi les chefs que
tous les hommes se refusent à aller combattre en Russie,
qu'ils ne veulent pas aller à Salonique et qu'ils entendent
être démobilisés, car la guerre est finie. Les généraux
ayant accepté les conditions des soldats, ils les invitent à
rentrer à la caserne pour attendre que leur démobilisation
soit bureaucratiquement pratiquée. Ce n'est point l'affaire
des hommes qui refusent et disent qu'ils se chargent eux-
mêmes de leur démobilisation. Ils élisent des employés,
une centaine, et en vingt-quatre heures, tous les papiers
réglementaires sont dûment remplis.

Cette grève ou mutinerie, selon que l'on l'appelle, sans violence, est caractéristique de l'état d'esprit des soldats et des ouvriers britanniques, car elle ne se borna point à Folkestone. Mêmes événements se produisirent à Douvres, Shortlands, Sydenham, Aldershot, Chatham, Bristol et autres lieux où il y avait des camps de soldats (1).

Les grèves de constructeurs de bateaux à Belfast et sur la Clyde révèlent le même état d'esprit d'irrespect de l'autorité et d'action des masses sur le monde gouvernant et dirigeant. Pendant plus de trois semaines, la grève fut générale à Belfast. Pas de lumière électrique, sauf pour le Bureau central des postes et pour les hôpitaux, pas de trams ; bref, arrêt complet de la vie ordinaire, tandis que des « conseils d'ouvriers » s'essayaient à maintenir l'alimentation de la ville. Ils y réussirent assez bien.

Sur la Clyde, l'ambition des ouvriers en grève ne se borné point à vouloir une semaine de 40 heures de travail avec même salaire que pour les 48 heures. Ils veulent remodeler la structure entière du Trade-Unionisme. Ce n'est pas une grève « officielle », c'est-à-dire déclanchée et soutenue par les syndicats et leurs secrétaires. C'est une grève née spontanément de la masse ouvrière des constructeurs de navires, faiseurs de chaudières, forgerons, etc. Des « shop stewards », c'est-à-dire des « délégués d'ateliers » sont les conducteurs et les soutiens de ces grèves. D'ailleurs partout en la région s'organisent des conseils d'ateliers et s'élisent des délégués d'ateliers. Ceux-ci forment des conseils locaux. Puis dans le district, les délégués de

____

(1) Les journaux anglais, socialistes et autres, contèrent ces événements tout au long à l'époque où ils se produisirent. La presse française n'en parla point, la censure l'interdit. Elle s'imagine que les faits cessent d'exister quand il n'en est pas parlé ! Ceci rappelle fort l'autruche.

ces conseils de « délégués d'ateliers » s'agrègent en de nouveaux conseils. Enfin, au sommet de cet organisme fédératif en formation, figure un « joint committee » composé de représentants du Congrès des Trade-Unions écossaises, de divers conseils de syndicats et de conseils de « délégués d'ateliers ». Anciennes et nouvelles organisations voisinent et fraternisent en ces conseils. On assiste là à un essai de mise en pratique d'une théorie d'action directe. Elle émane d'ouvriers qui ne sont pas en relation très sympathique avec le trade-unionisme orthodoxe.

Les leaders officiels de ces derniers les qualifient même de bolcheviks. D'ailleurs, en des manifestations, le drapeau rouge a été arboré. Ces manifestations se forment généralement en un défilé. Mais un des premiers jours de février, le gouvernement voulut user de la manière forte. La police chargea au bâton, des soldats occupèrent Glasgow, dans les rues, des mitrailleuses et des tanks déambulèrent. La foule ouvrière résista. Il y eut des blessés et des arrestations : Shinwell, conseiller municipal, David Kirkwood, qui avait été déporté pendant des mois et des mois durant la guerre, également pour cause de grève, Gallacher etc. Des condamnations assez sévères suivirent plus tard. M. Neil Mac Lean ne dut qu'à sa qualité de membre de la Chambre des Communes de ne pas subir le sort de ses camarades. Les syndicats protestèrent contre cette façon d'agir du gouvernement. La grève se généralisa même un instant à Glasgow : électriciens, employés municipaux etc., même des mineurs en certaines mines d'Ecosse. Mais tout le mouvement échoua. Le 12 février, les travailleurs de..la Clyde, battus, reprenaient le travail « jusqu'au temps, disait leur déclaration, où nous aurons perfectionné l'organisation de nos forces en vue de faire notre réclamation pour les 40 heures sur une base nationale, et de la réaliser bientôt par une grève nationale de tous les ouvriers ».

L'échec était dû au manque de fonds pour l'entretien des grévistes. Les fonds de grève des syndicats avaient été refusés par les fonctionnaires de ces syndicats, qui étaient contre la grève déclarée sans leur assentiment, donc non officielle. Et les délégués ouvriers dissidents de dire : « Il faut que la prochaine grève soit officielle, que nous nous débarrassions des fonctionnaires de nos syndicats, que notre propagande gagne l'Irlande, l'Angleterre, le Pays de Galles et ne soit pas restreinte à l'Ecosse ». Elle avait d'ailleurs déjà gagné ces pays. Mais le mouvement est confus, sans entente. A Londres, 15.000 ouvriers du port font grève durant un mois et échouent faute d'argent, car les fonds du syndicat leur sont refusés. Le même résultat pour la même raison se produit pour une grève de cuisiniers et de garçons d'hôtels et de restaurants. La grève des électriciens de Londres est plus heureuse. Elle est d'ailleurs officielle (1). Plus tard, à Rhondda (sud du Pays

---

(1) Un incident amusant et instructif de la lutte de classe à Londres est celui-ci : le *Herald*, le journal hebdomadaire socialiste, dirigé par Geo Lansbury, avait loué l'immense salle de l'Albert Hall pour une réunion de propagande en faveur du journal que Lansbury voulait faire quotidien. Le gouvernement pressa sur le directeur de l'Albert Hall pour qu'il ne louât pas sa salle. Prétextant de quelques troubles à une précédente réunion, le directeur retire la location faite. A un ou deux jours de là, il y avait à Albert Hall un grand concert où était présente toute la société mondaine. Tout à coup l'obscurité se fait. L'électricité ne fonctionne plus. On s'informe. Et l'on apprend que le syndicat des électriciens a décidé de ne plus autoriser un seul concert mondain à l'Albert Hall, aussi longtemps que la salle serait refusée aux socialistes. La soirée s'acheva à la lumière douteuse des bougies. Le lendemain le gouvernement était aussi avisé qu'une suppres-

de Galles), dans un pays de houille, instituteurs et professeurs font grève pour obtenir une augmentation de salaire. Après un mois de vacances, ils rentrent dans leurs écoles sans avoir obtenu satisfaction, en déclarant qu'ils suspendaient la grève et qu'ils la reprendraient si, dans un délai d'un mois, satisfaction ne leur était pas donnée. Un compromis intervint.

Tout ce mouvement gréviste semble confus. Les grèves naissent sporadiquement, durent peu et cessent sans que les ouvriers réussissent le plus souvent à obtenir la réalisation de leurs désirs. A n'envisager que la superficialité des choses, le prolétariat court d'échec en échec. Il se heurte à la fois contre les forces patronales et gouvernementales et contre la mauvaise volonté de ses fonctionnaires de syndicats, adversaires de tout mouvement qui n'est pas décrété par eux. Aussi l'aspect de ces grèves est-il chaotique. Mais si on les scrute, on voit bien qu'elles ne sont que des manifestations d'un état d'esprit nouveau des masses ouvrières, d'une tendance nouvelle des milieux ouvriers. La confiance dans le règlement par voie parlementaire des conflits de classes cesse d'être, de même que cesse la confiance dans les fonctionnaires, la bureaucratie des syndicats. La guerre a montré trop surabondamment que « la loi du plus fort était la meilleure » et que « notre ennemi c'était notre maître » pour que le prolétariat n'en tirât point l'enseignement. Aussi, il songe à l'action directe

---

sion soudaine de l'éclairage municipal pourrait bien avoir lieu si l'Albert Hall n'était pas comme auparavant à la disposition d'organisateurs de réunions. Le résultat fut que le Directeur du Hall retira son retrait de location, et le *Herald* tint sa réunion. La morale de cette histoire est toujours celle tirée de tous les événements sociaux : les dirigeants ne connaissent qu'une règle : la loi du plus fort est toujours la meilleure.

pour obtenir ce qu'il veut et il pense que mieux vaut se
charger soi-même de ses propres intérêts que d'en charger
autrui, c'est-à-dire l'employé du syndicat qui se transforme en un maître, peu à peu, par une évolution inévitable.

IV. — Délégués d'ateliers. — Conseils d'ateliers, d'industries et d'ouvriers

Cet état d'esprit et les conditions mêmes de la guerre
ont développé le mouvement des délégués d'ateliers (shop
stewards), avec toutes ses conséquences logiques. Dans
l'avant-guerre il existait, ça et là, des délégués d'ateliers.
Élus par les ouvriers d'un même atelier leurs fonctions
étaient infimes : s'occuper des ouvriers nouvellement em-
bauchés dans l'intérêt du syndicat ; collecter les cotisations syndicales ; convoquer les réunions d'ouvriers ; parfois fixer, d'accord avec les directions de l'usine, le prix
des pièces, veiller aux infractions des règles syndicales et
les signaler aux syndicats. Voilà à peu près les fonctions
des quelques délégués d'ateliers qui existaient ça et là
dans diverses industries. Quelques conseils de délégués
d'ateliers s'étaient aussi formés, mais sans fonction déter-
minée. C'était un mouvement embryonnaire. Les conditions créées par la guerre devait donner à tout ce mouvement une accélération considérable et faire réaliser en
quelques années ce qui peut-être eût nécessité de nombreuses années de paix pour atteindre le développement
actuel.

Les gouvernants avaient par le Defense of Realm Act
(D. O. R. A.) et le Munitions Act suspendu toutes les règles syndicales, supprimé toutes les libertés syndicales et
notamment le droit de grève. La machinerie officielle des

Trade-Unions se trouva alors toute détraquée. Un fonctionnaire d'un syndicat, le secrétaire par exemple, était devenu sujet à poursuite s'il ordonnait une grève en vertu d'une
décision des ouvriers. Nombre de problèmes s'élevaient
qui demandaient une solution que le fonctionnaire syndical ne pouvait plus obtenir : question de nouveau procédés
de travail ; question du travail aux pièces (les syndicats des
mécaniciens y étaient fortement opposés) ; question de la diminution volontaire de la production par chaque ouvrier,
ce que les Britanniques appellent « dilution du travail »,
etc. Tout cela variait d'atelier à atelier. Seul le système
des fonctionnaires d'atelier, élus par les ouvriers, permettait de résoudre ces questions sans trop de frictions avec
le patronat, sans trop grave danger pour les ouvriers.
Et alors les délégués d'ateliers se multiplièrent. Partout
les ouvriers en élirent et leur importance crût rapidement.
Le besoin créa l'organe et la fonction. Le Munitions Act
fut ainsi complètement énervé. Il ne répondait plus au but
pour lequel le gouvernement l'avait fait. Le résultat était
le contraire de celui espéré, car il renforçait le mouvement
ouvrier en l'obligeant à modifier un peu sa tactique et son
organisation, rendant cette dernière moins bureaucratique,
plus démocratique.

Le mouvement ainsi déclanché produisit naturellement
toutes ses conséquences, qui successivement apparurent et
se développèrent en des lieux divers, d'abord sans lien
entre elles, rien que sous la pression des conditions de l'industrie. Puis les relations s'établirent, tous les organes qui
s'étaient créés tendirent à se grouper, à s'agréger les uns
les autres, selon un ordre que l'intérêt des hommes et la
logique des choses déterminaient.

Actuellement l'organisation, toujours en voie de croissance et d'extension, est la suivante :

Dans chaque atelier les ouvriers de toute profession élisent des délégués (shop stewards). Ceux-ci se groupent : c'est le conseil d'atelier (workshop committee). Dans une même firme y a-t-il plusieurs ateliers ? alors il y a plusieurs conseils d'ateliers. Chaque conseil a un secrétaire et un convocateur (convenor). La réunion de ces secrétaires et convocateurs d'une même firme forme le conseil d'industrie (work's committee) qui élit un secrétaire général, un trésorier et un « convocateur chef » (chief convenor). Hommes et femmes peuvent être élus aux fonctions en question. Les convocateurs ainsi élus par les conseils d'industrie se groupent, dans une même ville ou même district, pour former le conseil local de délégués d'ateliers et d'ouvriers (local shop stewards and workers' committee). Chaque conseil local élit des délégués dont l'ensemble forme un conseil national de délégués d'ateliers et d'ouvriers (National shop stewards and workers committee).

La base de cette organisation n'est plus le métier comme dans les syndicats, c'est l'atelier. Et il en est ainsi parce que le travail en commun dans un même atelier, fût-il différent de nature, lie plus les hommes entre eux que le même travail dans des usines et manufactures différentes. L'organisme part de l'individu ouvrier pour parvenir par voie de groupement successif à un organe national, embrassant en résumé tous les ouvriers de toutes les industries de la nation. Et par ouvriers s'entendent aussi bien les employés de bureau, les ingénieurs et chefs de service que les techniciens des ateliers et les manœuvres.

Cette organisation n'est pas le produit créé de toute pièce par une idéologie. Le cerveau d'un ou de plusieurs hommes ne l'a pas imaginé et ensuite ne s'est pas efforcé de le faire passer dans la pratique. Non, cette organisation s'est réalisée et est en voie de réalisation sous la pression des conditions de vie ; et alors naturellement elle finit par se réaliser sous une forme strictement logique et rationnelle. Cet organisme sociologique, qui présente une grande analogie avec les organismes physiologiques élevés et bien différenciés, a aussi de grandes analogies avec le système des Bourses du Travail. Celles-ci correspondent à peu près au conseil local de délégués d'ateliers et d'ouvriers ; la Fédération des Bourses correspondait au Conseil national. Le système n'est pas identique, car les délégués formant la Bourse ne sont pas élus par ateliers, mais par métiers, par professions.

Les principes sur lesquels repose cette organisation sont : représentation directe des ouvriers, des ateliers, des industries aux divers comités. — Contrôle de toute la politique suivie restant entre les mains des ouvriers. — Action directe pour l'obtention des desiderata des ouvriers.

Les buts poursuivis ainsi sont : un contrôle de plus en plus grand sur les conditions des ateliers au point de vue travail, hygiène, etc. ; la réglementation des conditions d'emploi des ouvriers, l'organisation des ouvriers sur une base de classe, la poursuite des intérêts de la classe ouvrière jusqu'à ce qu'ils triomphent.

Cet organisme fonctionne comme suit : Les convocateurs convoquent toutes les réunions d'ateliers et de conseils. Le secrétaire général du conseil d'industrie tient la liste des travaux aux pièces et leurs conditions, il garde les conventions passées avec la firme, il rassemble toutes les informations professionnelles, etc. Les délégués d'ateliers ont pour devoir d'interroger tout nouvel ouvrier. S'il n'est pas membre d'un syndicat, avis en est immédiatement donné au convocateur d'atelier. Tout ouvrier qui a une plainte quelconque à formuler doit en faire part à son délégué d'atelier qui en avise le convocateur d'atelier.

S'il ne s'agit que d'une plainte mineure, le convocateur et les délégués d'atelier en entretiennent le contremaître pour obtenir satisfaction. Si l'entente ne se fait pas, le convocateur chef est avisé et il réunit le Conseil d'industrie qui examine les griefs et, si c'est nécessaire, élit une députation pour voir la direction de l'industrie. Celle-ci doit toujours agir sur instruction du Conseil. Les décisions ainsi obtenues doivent toujours être soumises aux ouvriers, qui donnent mandat aux délégués de les accepter ou de les refuser. Ce fonctionnement oblige les divers délégués à laisser leur travail professionnel pendant un certain temps qu'ils consacrent à un travail dans l'intérêt des ouvriers, leurs mandants. Ce temps leur est payé, de façon qu'ils ne voient point, de ce chef, leur salaire diminué. Il résulte de ce fonctionnement que ni les conseils, ni les secrétaires ou convocateurs ne possèdent le pouvoir exécutif. Il réside seulement dans la masse des ouvriers des ateliers et de l'industrie, qui doivent chaque fois donner un mandat déterminé à leurs élus. C'est, en somme, le système permanent et régulier du referendum.

Cet organisme est assez formé maintenant pour qu'il soit certain qu'il vivra et se développera, gagnant à lui tout le prolétariat britannique. Né d'abord dans les industries métallurgiques, il a gagné l'industrie du textile et d'autres. Son essence est le fédéralisme. Il est en opposition avec le système traditionnel du syndicat de métiers et de la fédération des syndicats d'un même métier, qui ont des tendances trop centralisatrices et trop bureaucratiques. Le pouvoir tend à y passer des mains des masses prolétariennes dans celles des fonctionnaires des syndicats. Ceux-ci se bureaucratisent, cessent d'être ouvriers et peu à peu vivent dans des milieux différents du milieu des usines et des ateliers. Ils cessent de participer à la vie

ouvrière et, par suite, d'en percevoir et d'en connaître les
besoins. Ils s'éloignent des ouvriers, tandis que les divers
délégués d'ateliers, de conseils d'ateliers et d'industries
restent ouvriers et vivent au milieu des ouvriers. On re-
marquera d'ailleurs que ce nouveau système de conseils
d'industries, de conseils locaux et national, aboutit par
une voie différente et plus rationnelle au même but
que le système de l'amalgation des syndicats de divers
métiers dans une même industrie et dans la nation et que
le système des alliances et des cartels entre industries
diverses.

Ce mouvement des « conseils d'ouvriers » est déjà assez
important pour que certains conseils publient des brochu-
res de propagande, pour que des journaux hebdomadaires
et mensuels le défendent ardemment. Tous les protagonistes de ces « conseils d'ouvriers » sont contre la reconnaissance officielle de ces conseils par les syndicats. Ils estiment que cela gênerait leur liberté d'action et que ce
serait avouer que le syndicat de métier est supérieur à
leurs « conseils d'ouvriers », donc juste le contraire de ce
qu'ils prétendent. La majorité des partisans de ces conseils d'ouvriers compte transformer peu à peu le système
des syndicats de métiers en s'y amalgant, de façon que tous
les salariés, quel que soit leur grade, soient en une même
organisation syndicale. L'organisation d'atelier deviendrait
alors la base de la structure industrielle entière. Tous les
adhérents à ce mouvement de « conseils d'ouvriers » poursuivent le contrôle de plus en plus grand des ouvriers
sur l'industrie pour arriver au but ultime de la démolition
du capitalisme. Une petite minorité dans ce mouvement est
consciente de la révolution qu'il opère par son existence
et son extension. L'organisation prolétarienne cesse d'avoir
pour base l'outil employé par l'ouvrier et s'édifie sur la

base du produit fait par l'ouvrier. Ainsi disparaît l'antagonisme entre les diverses branches ouvrières d'une même industrie. De même que tous les salariés d'une usine, depuis le directeur jusqu'au manœuvre qui balaie les cours, en passant par les ingénieurs, les employés de bureaux et les ouvriers techniciens, sont liés par leur accord dans le travail pour livrer au consommateur des produits bons et beaux, de même ils sont liés par des intérêts communs, bien plus puissants que ne peuvent être les intérêts différents qu'ils peuvent avoir du fait de la différenciation de leur travail.

Effrayés ou ennuyés par ce mouvement de « conseils d'ouvriers », certains, parmi les dirigeants ou même parmi les syndiqués, ont attribué sa naissance et son développement à des « agitateurs irresponsables », c'est-à-dire à des agitateurs sans mandat, utilisant les mauvaises passions des foules. L'erreur est complète et absolue. Ce mouvement est né du fond des masses ouvrières, mais naturellement il a été adopté et préconisé par les plus ardents militants ouvriers, les plus jeunes et les plus enthousiastes. I en est ainsi de toute nouveauté, réelle ou apparente. Ce mouvement est né comme autrefois naquit le mouvement des syndicats. Et il est en butte aux mêmes oppositions et aux mêmes dénonciations que le mouvement syndical rencontra autrefois. Il se heurte à l'hostilité des fonctionnaires syndicaux qui prétendent que c'est « l'anarchie », et ils emploient le mot dans le sens de « désordre ». D'autres y voient une tendance à mettre au rancart les « autorités établies ». Enfin, il en est qui prétendent que c'est la destruction du syndicalisme. Il semble bien à l'observateur impavide que dans ce mouvement il y a une influence des théoriciens du communisme anarchique, en employant le mot « anarchie » dans le sens de « sans maître, sans autorité », et des tendances naturelles du caractère britannique si imprégné de l'idée de liberté, si partisan du self-government. Il semble aussi que, loin d'être une destruction du syndicalisme ; c'en est une sublimation, une forme plus parfaite, puisque l'administration des choses y tend sans cesse à être par l'ensemble de tous les syndiqués.

Dans l'évolution suivie par le mouvement ouvrier, nous voyons un mouvement qui fut d'abord, au point de vue professionnel, analytique — les syndicats de métiers — et qui tend à devenir synthétique — les conseils d'ouvriers d'ateliers. Dans ces deux mouvements il y a groupements et fédérations successifs, et tous deux tendent au même but. Les objections des fonctionnaires syndicaux qui s'opposent à ce mouvement de « conseils d'ouvriers » sont donc simplement l'effet du misonéisme assez général aux humains. C'est une nouveauté : pour beaucoup, cela suffit pour que ce soit mauvais. Nous constatons là un effet psychologique de la loi générale du moindre effort.

Nous rencontrons ce même effet lorsque nous envisageons l'attitude des dirigeants vis-à-vis de ce mouvement. Les grèves, se déclanchant sans le consentement des fonctionnaires syndicaux, les surprirent et les effrayèrent, ainsi que la prétention des ouvriers de faire des contrats collectifs d'ateliers, d'usines et non plus des contrats collectifs d'industries. Autrefois à l'orée du mouvement syndical, le patronat entier s'était levé contre le contrat collectif d'industrie que voulaient les syndicats. Il avait fallu de longues années de lutte pour l'imposer et pour faire admettre par le patron qu'il ne devait pas ignorer le syndicat et qu'il devait traiter avec lui. Le patronat, vaincu, chercha à diminuer sa défaite et il y parvint en une certaine mesure, grâce à la bureaucratisation des syndicats. Aussi maintenant le patronat défend-il le contrat collectif d'industrie,

prétend ignorer ses ouvriers et ne connaître que le syndicat. La situation est renversée — en partie au moins — de
ce qu'elle était autrefois. Au point de vue sociologique,
nous assistons là à une sorte de mouvement pendulaire ;
cependant il n'a pas lieu sur place ; chaque oscillation ne
ramène pas une situation identique à la précédente. Autrefois il s'agissait de contrat individuel de travail cédant la
place au contrat de travail collectif de métier ou d'industrie ; maintenant il s'agit de contrat de travail collectif
d'ateliers remplaçant en partie le contrat de travail collectif
de métiers et se greffant sur certains de ses éléments.

Le patronat tout entier cherche à inhiber le mouvement
des conseils d'ouvriers qui lui semble si dangereux pour la
société capitaliste. Dans son opposition, il a l'appui du
gouvernement, d'autant plus facilement d'ailleurs, que le
mouvement des conseils d'ouvriers n'est pas seulement
corporatif. Il présente des tendances politiques, car un des
moyens pour la réalisation de ses buts est la grève générale et la prise du pouvoir révolutionnairement. Il en est
encore peu qui exprime ce but et ce moyen, mais point
n'est douteux que la tendance existe, assez prononcée
même, dans la foule du prolétariat. Celui qui connaissait
la mentalité du prolétaire britannique dans l'avant-guerre
constate là combien elle s'est modifiée sous l'influence de
cette guerre si longue.

V. — LE GOUVERNEMENT ET LE PROLÉTARIAT BRITANNIQUES

L'action politique du prolétariat britannique se montre
surtout actuellement par son action pour arrêter la parti-
cipation du Royaume-Uni à la lutte contre la Russie sovié-
tiste, pour amener la démobilisation complète et pour
obtenir du gouvernement et du Parlement la suppression.

de la loi sur le service obligatoire. Elle a été vaine jusqu'ici, au point de vue parlementaire et gouvernemental, bien que solennellement le premier Ministre Lloyd George ait promis de retirer les troupes britanniques de la côte Mourmane et des autres régions russes. Les non accomplissements des promesses de M. Lloyd George ne se comptent d'ailleurs plus depuis la guerre, tant c'est devenu chez lui une habitude. Oublie-t-il inconsciemment ses promesses, ou est-ce par tactique politique qu'il fait semblant de les oublier ? Chacun décidera selon son goût. Ce qu'il y a de certain, c'est que le « Premier » est un politique habile, sans scrupule. Il ne s'occupe que du moment présent et n'a aucun goût pour la continuité de vues politiques et sociales. Il ne songe qu'à la réussite de ses buts personnels, mesquins et égoïstes d'ailleurs, et à cette réussite, il subordonne tout. Grand orateur populaire et parlementaire, poète même en ses discours, homme d'action fébrile, très combatif, il s'agite plus qu'il n'agit. Un de ceux qui le connaissent intimement disait un jour : « Si penser est une maladie. Lloyd George est un homme de la meilleure santé ». (1) Il est d'une paresse innée, indolent malgré son excès d'énergie. Il ignore l'histoire, la littérature et encore plus les sciences. Il aime le changement pour le changement, par instabilité intellectuelle. Aussi a-t-il défendu successivement les politiques les plus opposées, allant du nationalisme gallois au conversatisme impérialiste — l'attitude actuelle — en passant par le radicalisme, le pacifisme, presque le socialisme. Il est aussi peu que possible représentatif de l'homme politique britannique type, d'un Gladstone ou d'un Salisbury. Enfant du peuple, puisque son père était instituteur de village, et que son

---

(1) *Uncesored celebrities*, par E. T. Raymond.

grand-père était fermier, il connut la pauvreté. Depuis trente ans, Lloyd George siège au Parlement, poursuivant toujours le même but : arriver, et arriver en usant pour celà es moyens les plus divers, peu importe lesquels, car tous étaient bons s'ils étaient adaptés à son but. Son grand talent oratoire, le servit rdmirablement. Vibrant, passionné, sentimental, émotionnel, il sait prendre ses auditeurs. Mais il ne leur donne pour nourrriture que la viande creuse des mots, des grands mots, car il est plein de rhétorique. Aussi, je connaissais trop l'homme et ses discours pour traduire, comme cela me fut demandé en 1916, quelques uns de ses discours. qui devaient former un volume préfacé par Albert Thomas. Il ne me plaisait pas de prêter sciemment mon aide à la piperie des foules, même lorsqu'elle est pratiquée par un maître de la parole comme M. Lloyd George. Il se sert de tout et de tous pour arriver à ses fins, et les abandonne ensuite avec un cynisme candide, comme on jette un orange que l'on vient de vider de son suc.

En 1916, aidé, poussé par la presse de Lord Northcliffe, le *Times*, le *Daily Mail* et autres feuilles « jaunes », M. Lloyd George se substitue à M. Asquith comme premier ministre. Et depuis, il est le maître de la politique britannique. Voilà du moins l'apparence. La réalité est autre. Il est, en effet, seulement le porte-parole de la politique réactionnaire, conservatrice et impérialiste de Grande-Bretagne. Les maîtres de cette politique sont les lords propriétaires fonciers — les hobereaux anglais et écossais — les grands industriels métallurgistes et autres. Et le chef parlementaire de cette politique est M. Bonar Law, autrefois le chef du Parti unioniste, alors que M. Asquith était chef du Parti libéral, quand ces deux grands partis existaient.

Ces deux partis se sont effrités peu à peu depuis l'avènement d'un ministère de coalition, dans les premiers mois de la guerre. Les élections de décembre 1918 les ont quasi fait disparaître, ne laissant qu'un grand groupement parlementaire, la coalition conservatrice et une minorité cohérente d'opposition, le Labour Party. Cependant quelques libéraux dits indépendants, représentant l'ancien Parti Libéral, siègent aussi à la Chambre des Communes, sur le banc de l'opposition. La Chambre des Communes actuelles est loin de représenter la majorité des électeurs britanniques. En effet, les députés sont les élus de la majorité des votants, mais non de l'unanimité des votants. Or, les votants atteignaient à peine la proportion de 50 o/o des 21 millions d'électeurs, hommes et femmes ! Cette énorme quantité de non votants fut due au refus de voter de la plupart des militaires qui étaient hors du Royaume Uni, et d'une foule de prolétaires qui estiment que l'« action directe » leur donnera satisfaction plus complète et plus rapide que le bulletin de vote. Il résulte de ces élections « faussées et malhonnêtes », selon la qualification de diverses personnalités d'Outre-Manche, une majorité parlementaire conservatrice et réactionnaire. S'appuyant sur cette majorité, M. Lloyd George remania son ministère qui devint plus conservateur qu'il n'était pendant la guerre. Le Labour Party avait retiré à ses membres l'autorisation d'en faire partie. Quelques-uns d'entre eux, préférant la ceinture dorée des appointements ministériels à la portion congrue d'un simple M. P. (Member of Parliament) restèrent les séides fidèles de M. Lloyd George, tandis que d'autres, fidèles à leur Parti, se retiraient dignement.

Dans ce remaniement ministériel, l'important ministère de la guerre fut attribué à M. Winston Churchill, politicien habile mais sans vergogne, audacieux, même d'une façon inconsidérée. Appartenant à la noble et riche famille des Churchill, il est cependant besogneux, tant ses dépenses excèdent ses moyens. Par hérédité autant que par ses besoins, il est le défenseur attitré des puissances capitalistes. Aussi était-il tout désigné pour avoir le portefeuille de la guerre, dans ce ministère dont la politique conservatrice poursuivait le but d'une paix impérialiste avec l'Allemagne et de l'écrasement de la révolution communiste russe. Il fallait le maintien du service obligatoire — qui selon les solennelles promesses ne devait durer que ce que dureraient les hostilités — de façon à pouvoir soutenir les réactionnaires russes et notamment l'amiral Koltchak, qui avait partie liée avec le clan important du capitalisme anglais qui avait des intérêts considérables dans la région sibérienne (concessions de mines de houille, zinc, plomb, argent, manganèse et or, chemins de fer, usines métallurgiques).

De cette situation il résulta cette conséquence que la politique ministérielle poursuivait l'annihilation de la puissance du prolétariat, soit en l'amadouant, soit en le matant, selon que les circonstances semblaient propices à la manière forte ou douce. Les deux moyens de douceur et de violence furent donc employés conjointement. Alors qu'en janvier les grèves de la Clyde sont réprimées par la manière forte, que des tanks circulent dans les rues, comme moyens d'intimidation, que des arrestations de militants sont faites et suivies de condamnations, alors qu'à Londres, en mars, on perquisitionne, arrête et condamne des militants soutiens des « conseils d'ouvriers », en vertu du D. O. R. A., on voit le gouvernement décider de satisfaire à peu près le monde ouvrier dans l'importante question de l'habitation ouvrière. Partout, dans les villes britanniques, il y a une crise de logement. Partout, le prolétariat britannique s'élève contre les

taudis où beaucoup de ses membres doivent vivre, dans les
faubourgs de Londres, de Manchester, de Sheffield, de Nottingham, etc. et dans les corons miniers du sud de Galles,
du Northumberland, etc. Sur le mouvement des habitations ouvrières se greffe un autre mouvement pour l'assainissement et la beauté des villes, mouvement initié, il y
a bientôt trente ans, par le savant biologiste et sociologue
Patrick Geddes, et mené maintenant par un de ses disciples, l'architecte Raymond Unwin. Le gouvernement
décida que, dans un délai de 3 ans, l'État construirait
500.000 maisons, représentant une dépense de 3.750 millions de francs. Ces constructions, outre qu'elles assurent
un logement convenable à nombre d'ouvriers, ont l'avantage d'ouvrir des chantiers un peu partout, ce qui réduirait d'autant le nombre trop considérable des chômeurs,
qui dépassa un moment le chiffre d'un million, tant hommes que femmes.

En même temps que le gouvernement prenait des mesures propitiatoires à l'égard du prolétariat, il en prenait
une autre d'un caractère tout différent. Cette mesure avait
pour but de connaître s'il était possible de mater par la
force le prolétariat dont la puissance croissante effrayait
le monde capitaliste. Il s'agit d'une circulaire secrète et
confidentielle adressée aux autorités militaires par le ministère de la guerre. Cette circulaire demandait aux dites
autorités « de faire connaître l'état d'esprit des militaires
sous leurs ordres, afin de savoir si les soldats prêteraient
leur concours dans l'intérêt national, 1° pour maintenir la
paix publique, 2° pour aider à briser les grèves, 3° pour
aller outre-mer, en Russie, et enfin 4° si le trade-unionisme
croissait parmi les militaires ». La circulaire lancée en
janvier resta secrète jusqu'en avril, époque à laquelle elle
fut publiée par le *Daily Herald*, journal quotidien socia-

liste de gauche, flirtant même avec l'extrême-gauche et dirigé par G. Lansbury. La surprise fut énorme dans le prolétariat britannique, bien plus grande qu'elle ne l'eût été dans le prolétariat continental, habitué à ces mesures, qu'il sait inévitables, dans la nature même du gouvernement. Le prolétariat britannique, la bourgeoisie moyenne et petite n'imaginaient pas qu'un gouvernement pût être aussi peu loyal à la loi de la liberté des grèves et à la tradition qui établit que le gouvernement ne doit pas jeter dans la balance le poids de sa puissance en faveur de l'un ou l'autre parti en présence. La loyauté est une des caractéristiques de la mentalité britannique, effet du développement des sports qui ont pour corollaire la coutume de jouer « franc jeu ». La masse populaire ne concevait pas que le gouvernement est une force capitaliste et conséquemment le soutien du capitalisme. Il laisse dire et même faire tant que cela ne semble pas gênant au capitalisme ou tant qu'il pense que la repression nuirait plus que le laisser-faire. En somme tout se résume en une balance de forces entre le capitalisme et le prolétariat. Toute mesure de restriction des libertés, toute mesure coercitive du prolétariat indique sa force croissante. Loin d'inhiber la progression de sa puissance comme l'espèrent ceux qui prennent ces mesures, elles l'accélèrent étrangement.

La publicité de cette circulaire secrète troubla quelque peu le ministère de la guerre, M. Winston Churchill et ses sous ordres, dont un journal libéral, le *Manchester Guardian*, put dire : « Il semble que l'autorité militaire supérieure ignore la composition de l'armée : sur 10 soldats, 9 sont des ouvriers ou des employés, tous des salariés. Tant qu'il s'agit d'un devoir national et point d'un conflit entre classes, les relations entre officiers et soldats sont bonnes. Mais si on demande autre chose qu'un devoir

national, si on demande de donner la victoire à une classe
sur une autre, capital ou travail, alors on demande l'im-
possible tant aux officiers qu'aux soldats. Des deux côtés
on met en avant l'intérêt national, il est donc inutile d'ar-
guer de cet intérêt national. Le ministère de la guerre est
loin, à une incalculable distance astronomique, de l'armée
qui combat, garde le pays et travaille. L'autorité militaire
qui voudrait se servir de l'armée comme de briseur de
grève serait folle ». Cette opinion du plus representatif
des journaux libéraux britanniques est celle de 90 o/o de
la population anglaise. Aussi à la Chambre des Communes,
un officier de marine, M. Kenworthy, put dire : « Si le
gouvernement désire que le bolchévisme s'empare de ce
pays, il n'a qu'à prendre la voie qu'indique cette circulaire ». Par contre les conservateurs plaidèrent pour la
justesse, le droit et l'excellence de cette circulaire, car il
s'agissait de prévoir une grève des transports, qu'il faut
empêcher ou briser dans l'intérêt de la vie nationale. L'indispensabilité des transports, la probabilité d'une grève
de cheminots et l'impossibilité de trouver dans l'armée des
briseurs de grève amenèrent un membre du Labour Party,
M. J.-C. Davison à enregistrer avec joie que « d'ici peu le
Labour Party gouvernera les destinées du pays » et qu'en
attendant « le ministre de la guerre doit comprendre et
savoir que l'Empire Britannique ne sera pas gouverné par
un dictateur militaire.

Évidemment M. Winston Churchill devait défendre sa
circulaire, et il le fit avec l'ergoterie spécifique des discours ministériels. Il avoua cependant que des réponses faites à sa circulaire secrète, il ressort nettement que « la
grande masse des soldats britanniques se refuse à briser
les grèves et à combattre la Russie soviétique ». Il déclara
aussi, d'ailleurs, avec emphase : « Certes il y a beaucoup

de syndiqués dans l'armée. *Mais nous ne pouvons pas avoir le syndicalisme dans l'armée* ». C'est cependant le résultat le plus net qu'il obtint de sa fameuse circulaire. En effet certains militants à l'extrême-gauche du Trade Unionisme, créèrent un syndicat de « marins, soldats et aviateurs » (sailors, soldiers and airmen s Union) qui s'accrut assez vite. Il publie un petit organe mensuel *The Forces*, dont le titre est accompagné d'un dessin symbolique : un soldat donne une poignée de main à un ouvrier, auquel un marin donne le bras. (1) Ce syndicat a pour but : l'amélioration des conditions de vie et du paiement des soldats, l'augmentation de cent pour cent des pensions et allocations, la reconnaissance du syndicat par le gouvernement, le refus de servir de briseur de grève, l'abolition immédiate du service obligatoire, l'amnistie militaire. Déjà foule de branches locales se sont constituées à ce syndicat, dont le nombre des adhérents croît beaucoup plus vite que ne croît celui de la nouvelle armée que le gouvernement conservateur Britannique veut organiser. Le recrutement fut d'abord de mille par jour en moyenne, mais dès avril il est tombé si bas que M. Winston Churchill se refusa à en dire le taux, avouant seulement une « chute lamentable ».

---

(1) Sans doute ce dessin symbolique est inspiré par une affiche qui fut employée en 1915-1916 par le gouvernement britannique pour ses campagnes d'enrôlements volontaires dans l'armée et dans les usines à munitions. Un soldat y donnait la main à un ouvrier, avec comme légende : « We're both needed to serve the guns. Fill up the ranks. Pile up the munitions ». (On a besoin de nous deux pour les canons. Serrez les rangs. Empilez les munitions).

LE LABOUR PARTY.

La circulaire secrète dont nous avons parlé mit en pleine lumière l'esprit révolutionnaire qui couvait en maints syndicats. La colère, d'ailleurs, s'empara de tout le monde du travail, une fois le premier moment de stupeur passé : nouveau mécontentement qui s'ajoutait à tant d'autres (vie chère, impôts croissants, chômage, taudis, etc.) qui soulevaient déjà le prolétariat organisé. Mineurs, ouvriers des transports (marins et dockers), cheminots, unis ensemble dans une formidable triple alliance : mécaniciens, électriciens, métallurgistes, ouvriers du textile, postes, télégraphes et téléphones, employés de bureaux et de magasins, ouvriers du bâtiment, ouvriers de la terre, policiers, pompiers et gardiens de prisons, etc.. tous fermentaient, bouillonnaient... Le monde du travail subit une crise de croissance.

Le Labour Party croît en qualité et en quantité d'une façon tellement considérable que, dans l'avant-guerre, nul n'aurait osé le prévoir. En un an le nombre des adhérents s'est accru de 500.000, tant par l'affiliation de nouveaux syndicats que par l'adhésion de nouveaux membres. A la dix-neuvième conférence annuelle qui a eu lieu à Southport, le 24 juin dernier, le Parti comptait 3.013.129 membres. Avant la guerre, il ne comptait que 1.500.000 adhérents. L'accroissement vient, pour une part importante, de la petite et moyenne bourgeoisie, réservoir du salariat pour les employés de bureaux et de magasins, les fonctionnaires de l'État et des villes.

Un des phénomènes sociologiques qui résultent de la guerre, c'est la paupérisation relative de la majorité de la petite et moyenne bourgeoisie, grâce à l'augmentation du coût de la vie et, par suite, à la diminution de la valeur de l'argent. Cette paupérisation pousse inévitablement la petite et la moyenne bourgeoisie à se joindre au prolétariat urbain et rural pour la modification des conditions du travail (salaires et heures) et des conditions politico-sociales. C'est ainsi que le Labour Party croît en quantité. Mais il croît aussi pour la même raison en qualité, parce que la culture intellectuelle de la classe petite et moyenne bourgeoise est en général plus grande que celle du prolétariat. La guerre a donc provoqué l'intervention d'un nouveau facteur dans la lutte de classe, et ce nouveau facteur est, pour une part, plus révolutionnaire parce qu'il est composé de gens en partie « déclassés ». De ce phénomène, qui s'est produit dans tous les pays, toutes les conséquences ne sont pas encore dérivées, mais elles sont sont en voie de se développer progressivement selon les conditions spéciales à ces classes, tant soit peu variables selon les pays.

En Grande-Bretagne, il semble que la majorité de ces employés et fonctionnaires qui se joignent au Labour Party, continue à être partisan des moyens constitutionnels et parlementaires pour la conquête du pouvoir politique et pour la réalisation d'un « Commonwealth » ou « République » socialiste. Cependant, il est parmi eux une minorité à tendances nettement révolutionnaires, les jeunes surtout, qui veulent user de l'action directe pour arriver aux fins poursuivies.

Le Labour Party est une fédération de syndicats et de divers partis socialistes : l'Indépendent Labour Party (I. L. P.), la Fabian Society, le British Socialist Party (B. S. P.) et de quelques autres groupes (1). L'ensemble

____

(1) Il y a là toute une organisation très complexe, parce qu'elle s'est faite progressivement selon les circonstances, sans plan. Il faudrait une étude spéciale pour exposer les différences et les si-

des groupements portant l'étiquette de socialiste compte environ 56.000 membres. C'est fort peu, numériquement.

Il ne faudrait cependant pas se baser là-dessus pour juger de leur importance sociale. En effet, les éléments dirigeants du mouvement ouvrier appartiennent aux groupements socialistes. Parmi eux, l'I. L. P. est celui qui compte le plus de membres. Pendant la guerre et surtout depuis l'armistice, de nombreux intellectuels, professeurs, pasteurs, etc. se sont joints à ce Parti. Ainsi, huit anciens membres radicaux du Parlement y ont adhéré. Sous la direction des Philip Snowden, Ramsay Macdonald, Jowett, Bruce Glasier et autres, l'I. L. P. a fortement protesté contre le Traité de Versailles, « une caricature de la paix ». Avec non moins de force, il s'est prononcé pour la nationalisation des mines et des chemins de fer, pour l'abandon de toute lutte contre les révolutions communistes en Russie et de Hongrie. Il n'a pas condamné le bolchevisme, mais il ne l'approuve pas et il a maintenu son adhésion à la deuxième Internationale. Bref, l'action de l'I. L. P. est constitutionnelle et parlementaire ; par suite, elle vient en opposition avec le procédé de l'action directe. Il en est de même du British Socialist Party (B. S. P.), bien qu'il soit plus à gauche que l'I L. P. Uni assez intimement avec le mouvement des délégués d'ateliers, le B. S. P. coquette avec le bolchevisme sans avoir cependant adhéré à la troisième Internationale. La question est actuellement soumise à toutes les sections du parti. Il faut arriver au Communist Party (C. P.) — la Workers' Socialist Fédération a décidé, à son Congrès de juin 1919, de prendre ce nom —

---

militudes des divers groupements socialistes de Grande Bretagne, leurs forces, leur action, leurs modes de propagande, leurs relations entre eux et avec le mouvement syndical.

pour trouver un Parti Socialiste qui déclare franchement son adhésion à la Troisième Internationale. Son but est la fin du capitalisme et des parlements pour leur substituer une société communiste formant une fédération mondiale de républiques, gérée, administrée par des Conseils d'ouvriers et de paysans. Le C. P. soutient les bolcheviks (1), les Sinn Fainers irlandais, les révolutionnaires d'Egypte, des Indes, etc. De beaucoup à l'avant-garde du socialisme britanique, il ne représente qu'une minorité et n'est pas affilié au Labour Party. Pourtant il y a une influence notable indirecte, parce que la plupart de ses membres viennent du milieu des délégués d'atelier et qu'ils ont de l'influence dans les groupements professionnels et industriels.

Cela explique comment le Labour Party tend de plus en plus à avoir une politique de gauche. Ainsi, à sa conférence de juin, presque toutes les questions à l'ordre du jour émanaient de syndicats, même celles d'intérêt général, nullement professionnel. Le point de vue étroit du corporatisme, autrefois si cher à l'ouvrier britannique, est maintenant dépassé.

Unanimement, la conférence se prononça contre le service militaire obligatoire, pour le relèvement à 6.250 fr. du minimum de revenu imposable, pour la nationalisation des mines, contre tous les militarismes. Sur la question des guerres contre les révolutions communistes de Russie,

____

(1) Il est de toute évidence pour ceux qui sont assez objectifs pour s'élever au-dessus des intérêts de groupes ou d'individus et pour envisager les choses au point de vue de la science, que les bolcheviks communistes appartiennent à la famille socialiste. L'essence du socialisme, comme je l'ai démontré dans mon livre « *Socialisme et Anarchisme* », est la forme collective ou commune des moyens de production. Tous les partis communistes poursuivent ce but, par suite ils sont tous de la famille socialiste, même s'ils sont antiparlementaires.

de Hongrie, etc., le I. P. est unanimement contre leur continuation et leur entretien par l'envoi de troupes, d'armes, de munitions, de subsides financiers et par le blocus alimentaire et commercial ; mais cette unanimité ne subsiste pas dès qu'il s'agit des moyens à employer pour réaliser l'abandon de ces guerres : les uns veulent des moyens purement parlementaires, les autres veulent à ces moyens ajouter la puissance de l'action directe. On bataille ferme sur ce sujet.

Les tenants de l'action purement parlementaire furent quasi tous les membres du Parlement et fonctionnaires de syndicats : J. R. Clynes, Ben Tillet, Brace, Sexton, Arthur Henderson. « Le L. P., disaient-ils en substance, est constitutionnel et parlementaire. Il sera appelé parlementairement à prendre le pouvoir et à ce moment il devra appeler les classes «propriétaires » à obéir à la loi nouvelle, au nouvel ordre social, tout comme maintenant elles obéissent à l'ordre social légal actuel. L'action directe est une sorte de guerre civile qui détruira l'ordre et la loi pour des générations. L'agitation pour les élections générales prochaines serait bien plus effective que l'action directe, une innovation entraînant de lourdes responsabilités ». Au passage, remarquons l'objection « une innovation », car elle révèle le misonéisme particulier aux gens en place, dans tous les pays et dans tous les temps, et est un effet de la loi naturelle du moindre effort.

Les tenants de l'action directe, au contraire tous des non parlementaires, exception faite pour Mac Lean, le député de Glasgow, étaient Robert Smillie et Frank Hodges, des mineurs. « Les bourgeois, disaient-ils, défendent les lois qui les servent et se révoltent contre les lois qui leur nuisent. Rappelez-vous Carson et la révolte de l'Ulster contre le Home Rule avant la guerre ! Ils ont empêché l'exécution du Home Rule voté par le Parlement. Le Parlement est impuissant. Il a violé toutes ses promesses. Le constitutionalisme n'a de valeur que s'il est honnêtement appliqué, s'il y a respect de la parole donnée. Ce n'est pas le cas. Le gouvernement mène une lutte souterraine contre les syndicats, rappelez-vous la circulaire de M. Winston Churchill ; il a organisé un service d'espionnage dans les syndicats. Il faut imposer la volonté des ouvriers par la grève ».

L'existence de ce service policier secret se manifesta brutalement à la Conférence même. Deux délégués français, Longuet et Frossard ne purent arriver à Southport, car la police, dès leur débarquement, les obligea à repartir pour la France. D'autres délégués français et italien, parvinrent à Southport après avoir été retenus à Londres par la police qui leur fit subir un ridicule interrogatoire. Cet incident qui montrait l'internationalisme de ce service secret n'était pas pour favoriser les tenants du parlementarisme qui permettait l'usage de tels bas procédés. Les actes des autocraties se retournent toujours contre leurs buts, quand ils sont agis dans des milieux où règne l'amour de la liberté.

Après le choc des arguments pour et contre l'action directe et le parlementarisme, il fut procédé au vote sur la résolution qui impliquait « *l'emploi sans réserve de la puissance politique et industrielle* pour réaliser l'abandon des expéditions russes, du sèrvice obligatoire etc. 1.893.000 suffrages se prononcèrent pour cette formule, 935.000 contre. Il importe de noter cette forte majorité de deux contre un en faveur de l'usage de l'action directe (puissance industrielle ou grève), car elle révèle l'état l'esprit du monde ouvrier britannique. La Conférence ne décréta pas cette grève, pas plus qu'elle ne décréta la grève de 24 heures, que les délégués franco-italiens proposaient pour montrer publiquement quelle était la volonté des prolétariats alliés. Elle décida la substitution à cette grève de manifestations monstres dans toute la Grande Bretagne. Elle agit ainsi parce que corps politique, elle ne pouvait décréter une mesure purement économique exécutée simplement par les ouvriers syndiqués. Il appartenait au Congrès des Trade-Unions de le faire lors de sa réunion en septembre 1919, ou encore à la Triple alliance pour elle-même.

Cette politique d'ajournement de l'emploi de l'action directe en favorise les partisans plus qu'elle ne leur nuit, contrairement à ce que croient ceux qui le pratiquent. La remise incessante d'une décision aigrit, surexite et accroît le nombre des partisans de l'action ajournée. En suivant cette politique, les leaders ouvriers imitent les gouvernants qui aiment, à cause du moindre effort à faire, à reculer devant les difficultés, espérant toujours qu'elles disparaîtront d'elles-mêmes. L'exécutif du Labour Party n'est pas partisan de la grève générale politique. Cependant ce n'est pas à lui qu'il faut imputer l'échec antérieur de la mobilisation des forces ouvrières, demandée par la Triple-Alliance en avril. Cet échec est dû au « Comité Parlementaire du Congrès des Trade-Unions ». Là nous constatons le conflit entre les dirigeants parlementaires du monde du travail et la masse ouvrière. Plus ou moins, ce conflit se présente actuellement partout. En tous les pays, les masses ouvrières semblent maintenant en avance sur la majorité de leurs propres leaders parlementaires ; puissant argument en faveur de l'antiparlementarisme. En temps actuel, les ouvriers de la Grande Bretagne précèdent le mouvement ouvrier continental dans le heurt des deux politiques, sur le terrain même de leur mise en pratique. Elles

se heurtèrent sur le terrain théorique, il y a vingt ans et
plus. Alors la bataille ponr la grève générale, pour l'action directe était initiée par des ouvriers et des penseurs
français aux tendances communistes anarchistes, à l'aurore
du syndicalisme. Ils furent défaits au Congrès international de Londres (1) 1896, par les social-démocrates allemands, grâce au corporatisme d'alors des ouvriers britanniques — surtout les mineurs, les cheminots et les dockers — les idées repoussées autrefois prennent le dessus
et sont à la veille de leur réalisation. Il faut longtemps
pour que les effets d'actes ou d'idées se dévoloppent en
toute leur ampleur et dans toutes leurs directions.

VII. — La Triple Alliance

La Triple-Alliance constitue l'ossature sur laquelle repose tout le mouvement pour l'action directe. Elle est
composée de trois fédérations d'industries : cheminots,
ouvriers des transports et mineurs. La « National Union
of Railwaymen » (N. U. R.) comprend presque tout l'ensemble des cheminots du Royaume Uni, c'est dire sa puissance. La très grande majorité de ses membres est très
avancée d'idées et se range dans la gauche du prolétariat
britannique. Son Congrès de juin 1919 l'a montré puisque,
à l'unanimité, il y fut adopté des résolutions protestant :
contre le service militaire obligatoire, la politique gouvernementale (loi martiale, contrainte par la force des armes)
en Irlande, en Egypte, aux Indes, pour la non intervention
en Russie, l'amnistie pour les « Conscientions objectors »
pour l'income taxe à partir de 6.250 fr. de salaire. A l'unanimité aussi, les cheminots décidèrent de renvoyer à la

____

(1) Voir mon volume Le *Socialisme et le Congrès de Londres 1897.*

Triple Alliance la décision de la conduite à tenir pour obtenir la réalisation des vœux ci-dessus.

J. H. Thomas, M. P. (Member of Parliament) est le secrétaire général de la N. U. R. Comme tous les parlementaires, il est peu partisan de l'action directe. Mais il lui faut obéir à ses mandants, la masse des cheminots, qui, elle, en est très partisan. Les hommes sont amers, comme on dit Outre-Manche. Ils sont fatigués d'attendre, fatigués des tergiversations des gouvernants et de leurs leaders, auxquels ils n'obéissent plus. Les leaders locaux, inconnus d'hier, sont ceux que l'on suit, par la raison très simple qu'ils expriment les sentiments des masses ouvrières des chemins de fer. Par des grèves et des menaces de grèves, ils ont obtenu depuis six mois à peu près toutes les réclamations corporatives, mais cela ne leur suffit pas, car ils ont des vues générales, politiques, qu'ils entendent réaliser. « Ce que nous désirons, dit un délégué au Congrès, c'est l'élimination de toutes les classes, de façon qu'il n'y ait plus qu'une classe : celle des travailleurs. Ils produisent les richesses, ils sont capables de contrôler les destinées du pays ». Jamais, dans l'avant-guerre, on n'eût entendu semblables déclarations approuvées par tous ! Il y a là un nouvel indice de l'évolution considérable subie par le prolétariat britannique en ces 50 mois de guerre. Il ose entrer sur le terrain politique, en corps, en parti de classe. Il ose applaudir un autre de ses délégués disant : « On nous appelle bolchevistes, eh bien, nous en sommes honorés. Avant on nous appelait socialistes, mais maintenant nous appeler ainsi serait nous faire trop respectables ! D'ailleurs, le bolchevisme c'est le socialisme en vêtement de classe, en vêtements de travailleurs ! Nous ne voulons pas aller comme syndiqués, le chapeau à la main, quémander une aumône aux employeurs, nous voulons une part juste des richesses que nous produisons ». Et à l'unanimité, le Congrès adopte une résolution contre la conciliation et l'arbitrage avec le patronat. « Il n'en est pas de possible avec le capitalisme ». Et à la même unanimité, il félicite la Triple alliance d'avoir refusé d'adhérer aux Conseils industriels (Rapport Whitley.)

La Transport Workers Federation (T. W. F.), cette Fédération des Ouvriers des Transports, est dans le même esprit que la N. U. R. avec cependant une plus forte minorité de droite. Elle comprend les marins, les ouvriers des docks, les mariniers, etc. Son secrétaire, Robert Williams, membres de la Chambre des Communes, (M. P.) est un des défenseurs de l'action directe. Le grand adversaire de celle-ci est Havelock Wilson, M. P. aussi, et le principal leader du syndicat des marins. Ce qu'il y a d'amusant c'est que le premier qui, en Grande Bretagne usa de l'action directe pour des fins politiques, c'est Havelock Wilson lui même ! Un délégué des dockers, M. Bevin, le lui dit au Congrès de Juin de la T. W. F. en rappelant le veto mis par les marins, sous l'instigation de H. Wilson, au transport outre-Manche ou en Hollande, de Ramsaÿ Mac Donald et Camille Huysmans. Au cours de la guerre, H. Wilson eut une attitude tout à fait chauvine. Il fut violemment contre les socialistes de l'I. L. P. Il fit toujours le jeu du patronat, des armateurs qui s'enrichirent scandaleusement. Dans le monde ouvrier britannique, il jouit d'une renommée douteuse (1). Au congrès dernier, H. Wilson s'éleva contre l'idée que « la Triple Alliance emploierait son pouvoir pour intimider la Chambre des Communes, élue en grande partie par les ouvriers ! Et comme,

____

(1) Une brochure très explicative a été publiée à ce sujet à Londres, si ma mémoire ne me trompe.

à cette assertion contraire à la vérité, les rires fusaient dans l'assemblée, H. Wilson s'écria : « Il n'y a pas de quoi rire ! C'est alarmant ! Les capitalistes voudraient développer l'industrie, mais ils ne le peuvent, car ils n'ont aucune garantie de l'avenir... C'est un non-sens de parler contre le service obligatoire... Robert Williams a dit que Lénine et Trotzky étaient deux camarades respectables, moi, je dis que ce sont deux canailles ! » Ce discours dont le reste est à l'avenant, eut pour conclusion une motion de blâme contre l'Exécutif de la Fédération. Elle fut repoussée par 213.000 voix et soutenue par 67.000. On voit combien est petite la minorité dont H. Wilson est le porte-parole. On peut dire que les 4/5 de la T. W. F. qui comprend 25 syndicats et plus de 300.000 membres, pense comme le Président de son Congrès, Harry Gosling qui disait : La patience des ouvriers organisés est à bout. J'avertis le Ministre de la Guerre (M. Winston Churchill) et le Ministère tout entier, qu'elle atteint le point de rupture. Ce n'est pas le cœur léger que nous ferons la grève générale, mais elle nous apparaît comme nécessaire pour obtenir l'abolition du service obligatoire, l'abandon de l'intervention en Russie, l'amnistie des « conscientious objectors », l'élévation de l'income taxe à un revenu minimum de 6.250 fr., le retrait de la circulaire Winston Churchill ! Cette grosse majorité des 4/5 de la fédération le pense si bien qu'elle vota des motions en ce sens et qu'elle décida, comme l'avait fait la N. U. R., de laisser la Triple Alliance décider de la conduite à suivre pour forcer le Parlement Britannique à réaliser les volontés du prolétariat Britannique.

Le troisième associé de la Triple-Alliance est la **Fédération des Mineurs de Grande-Bretagne (M. F. of G. B.).** Elle constitue réellement l'épine dorsale de la Triple-Al-

liance, tant par la puissance du nombre de ses adhérents
que par la grande solidarité qui lesunit tous et l'esprit de
révolte qui imprègne des fédérations régionales entières,
comme par exemple celle de la Galle du Sud (South
Wales). Son président Robert Smillie, son secrétaire
Frank Hodge sont nettement des partisans de l'action
directe pour obtenir la réalisation des volontés ouvrières.

D'ailleurs la Triple-Alliance en entier veut la nationalisation des mines, des chemins de fer et des autres
moyens de transport. Mais avec l'esprit pratique qui carac-
térise l'ouvrier Britannique, l'effort a été concentré et se
concentre maintenant sur la nationalisation d'une seule
industrie, celle des mines. Les autres nationalisations
sont considérées comme la conséquence inévitable de la
première nationalisation.

La Triple-Alliance a donc agi depuis mars dernier pour
réaliser les volontés de ses membres, près d'un million.
Son action a été jusqu'ici parlementaire, parce que la
majorité des membres de son comité Exécutif sont partisans des modes parlementaires plus que de l'action directe,
mais la menace de l'emploi de celle-ci a tout le temps
plané au-dessus des pourparlers parlementaires. D'abord
la Triple-Alliance se borna de demander au Parliamentary
Committe of the Trade-Union Congress de réunir une conférence spéciale pour savoir si le prolétariat britannique
userait de la grève générale pour « forcer » la réalisation
de ses volontés. Le Parliamentary Committee of T. U. C.,
qui est l'Exécutif de l'ensemble de toutes les organisations
des ouvriers et qui est surtout composé de députés à la
Chambre des Communes, s'y refusa. Ce refus n'étonna que
ceux qui ignoraient la mentalité que crée nécessairement
la vie commune en un milieu clos comme l'est le milieu du
Parlement. Le Comité se contenta de voir le ministre

Bonar Law qui affirma brutalement : « En s'occupant des
4 points (politique en Russie, service obligatoire, amnistie
des conscientious objectors, nationalisation des mines) et
en déclarant la grève générale pour les obtenir, le Congrès des Trade-Unions se mettrait au-dessus du Parlement. Le gouvernement opposera aux grévistes, sans la
plus petite hésitation, toutes les forces de l'Etat. Ce serait
la révolution et nous nous refusons à y obéir ». Mais si le
Comité se montra satisfait des fadeurs ministérielles qui
selon la coutume accompagnaient cette brutale déclaration, il n'en fut pas de même des masses ouvrières, tant
de la Triple-Alliance que des autres syndicats.

Le bouillonnement du monde ouvrier était général et
les congrès ou les conférences des conseils de fédérations
se prononçaient pour la réclamation des quatre points en
question et leur obtention par la grève générale. Les ouvriers de la métallurgie (mécaniciens et autres), les char-
pentiers et menuisiers, les employés de magasins et de
bureaux discutent la question de se joindre à la Triple-
Alliance et en majorité sont partisans de cette union.

Chacun des trois alliés, par l'organe de son Comité
exécutif, protesta contre la décision du Comité parlementaire de se contenter des déclarations ministérielles. Je ne
puis d'ailleurs mieux indiquer l'esprit qui les animait tous
qu'en reproduisant ici les paroles d'un des leaders Robert Williams : « Je n'attendais rien du P. C. of T. U. C.,
car la caste des fonctionnaires des Trade-Unions est aussi
loin de l'esprit des masses ouvrières que l'est M. Churchill
lui-même. A toute époque et dans tout pays, le progrès
se réalise toujours sous la pression d'en bas. Le
feu couve dans les masses contre le gouvernement et ses
agissements. Le gouvernement est assis sur un véritable
volcan. »

Les grondements du volcan ne sont encore que souterrains. Partisans et adversaires de l'action directe ou des méthodes parlementaires n'osent franchir le Rubicon. Ils tergiversent, cherchent à gagner du temps, tout comme le Gouvernement britannique le chercha tout le long du cours de la guerre par sa politique d'« attendre et voir ». Ainsi l'exécutif de la Triple-Alliance en sa réunion de juin, à Southport, décida de renvoyer au 23 juillet la décision sur la conduite à tenir à un congrès des délégués des corps constituant la Triple-Alliance. Ce congrès — le premier depuis la création de la Triple-Alliance — se tint à Londres. Trois cents délégués étaient présents. Par 217 voix contre 11 il décida que les membres de chaque corps allié seraient consulté snr la conduite à tenir pour imposer leurs volontés. La consultation des membres implique pour les cheminots la réunion d'un congrès spécial qui votera pour ou contre l'action directe, et pour les ouvriers des transports et des mineurs un référendum où chacun se prononcera. Quelques délégués auraient voulu que le Congrès conseillât les membres pour le vote qu'ils auraient à émettre, mais la grande majorité s'y refusa ne voulant nullement influencer les ouvriers, qui librement voteraient pour ou contre l'action directe. Comme précédemment les tenants des méthodes parlementaires furent à ce congrès Clynes, Sexton, Tillet, tandis que les tenants de l'action directe étaient C. T. Cramp, Frank Hodge et W. Straker. Mineurs et cheminots du côté de l'action directe, dockers contre.

Il résulte de la décision précédente qu'en tous cas un certain temps s'écoulera avant que le cours des événements ne prenne une forme aiguë. Il faut maintenant réunir un congrès des cheminots et faire un referendum des ouvriers des transports et des mineurs. Encore un atermoiement, encore du temps à s'écouler avant la solution, constatent avec regret les extrémistes de gauche, et avec joie les extrémistes de droite. Qu'on approuve ou non cet atermoiement, il faut constater qu'il est la conséquence fatale des mœurs démocratiques des Britanniques. Les décisions doivent être prises par les masses elles-mêmes, et non par les délégués mandataires. Ceux-ci doivent en référer à leurs mandants. Ils ne sont pas des « représentants », mais des mandataires. La masse ouvrière n'a pas abandonné sa souveraineté aux mains des « représentants » comme les peuples le font dans le système gouvernemental représentatif parlementaire. Ce processus par lequel la masse ouvrière décide elle-même sa propre conduite à tenir est bien plus démocratique que le système des représentants. Il importait de montrer ceci au passage, car cela prouve que la classe ouvrière britannique est en avance comme organisation politique sur l'ensemble de la nation, encore soumise au système du gouvernement représentatif.

Donc, du temps s'écoulera avant que la décision populaire n'intervienne. Nous ne pensons pas cependant que cela aille au-delà de fin septembre, époque où le Congrès général des Trade-Unions se tient. Bien que le monde ouvrier et spécialement le monde des mineurs soit en pleine ébullition ; bien que ces derniers soient aigris et amers, que leur discipline vis-à-vis de leurs autorités syndicales s'évanouisse chaque jour, et qu'à chaque instant éclate leur volonté de recourir à l'action directe, sans le moindre soucis des intérêts publics apparents ainsi lésés, nous ne pensons pas que les événements avancent l'époque de la décision à prendre. Les ouvriers britanniques agissent avec lenteur, mais avec ténacité.

VIII. — LES MINEURS

La guerre a fait comprendre aux mineurs le rôle vital qu'ils jouaient, notamment lors de la grève du sud de Galles en 1914 (cf. mes Leçons de la Guerre Mondiale, chapitre IV). La question de la houille est en effet d'une importance vitale pour toute l'humanité civilisée et spécialement pour la Grande-Bretagne. La marine n'existe pas sans charbon, car le pétrole est en quantité insuffisante pour se substituer à la houille. La puissance mondiale du Royaume-Uni repose sur sa marine marchande. Mais en outre le charbon est le produit principal des exportations britanniques. Grâce à lui le fret de retour est très réduit, car le voyage d'aller n'est point sur lest comme très souvent cela arrive pour les navires partant des ports français, par exemple. Cette réduction du fret explique pourquoi sur le marché britannique les fruits et les légumes secs, etc., sont à un prix moindre que sur les marchés continentaux. Le charbon est le sang de la vie industrielle, aussi toutes les industries métallurgiques et textiles de l'Angleterre, l'industrie de la construction des navires en Ecosse. etc. dépendent de sa production houillère. Des dizaines de millions d'humains ont donc leur vie dépendant de cette production, soit directement, soit indirectement.

Tout se tient dans la nature, une preuve nouvelle en est donnée par la question houillère. Elle est aussi un facteur puissant du système du « libre échange », seul régime économique qui permet le bon marché des produits alimentaires et autres. En effet le prix du charbon est facteur du salaire des mineurs, et celui-ci est conditionné par le prix des vivres, qui est lui-même à son tour conditionné par le prix du charbon. D'autre part, la houille britannique exportée représente une énorme valeur d'achat pour d'autres produits et ainsi elle est une cause qui empêche une hausse notable du change pour la Grande-Bretagne. On voit ainsi la grande importance vitale que joue la houille en ce pays. Les mineurs le savent, et il s'en suit qu'ils se sentent *très forts*. Leur indispensabilité fait leur puissance si grande qu'on peut dire qu'ils sont réellement les maîtres de la situation, s'ils veulent et s'ils savent utiliser cette puissance.

L'armistice venu, la démobilisation commençant, la vie chère continuant et s'accentuant les mineurs réclamèrent un accroissement de salaire de 30 o/o, la journée de travail de 6 heures, des salaires à tous les démobilisés mineurs, égaux à ceux des travailleurs, et enfin la nationalisation des mines contrôlées par l'Etat et les mineurs. Ils déclaraient qu'ils feraient grève, si satisfaction ne leur était pas donnée dans un délai relativement court. Ces prétentions des mineurs surprirent désagréablement le monde capitaliste de Grande-Bretagne. Le Gouvernement déclara que les satisfaire entraînerait une augmentation du prix du charbon, que les uns fixaient à 7 fr. 50 et d'autres de 10 à 12 fr. 50 par tonne. C'était, disait-on, la ruine du commerce britannique. L'exportation du charbon ne serait plus possible, car il ne pourrait sur les marchés étrangers lutter contre le charbon provenant de l'Amérique du Nord et des autres pays riches en mines comme le Spitzberg, la Sibérie, les Indes, la Chine. Ces prétentions étaient impossibles à réaliser, dit le gouvernement qui, ajoutait, par l'organe même de M. Llyod George, « si les mineurs entrent en grève, nous appliquèrent le D. O. R. A. qui est encore en force. (1) Plutôt que de céder le gouver-

---

(1) L'Acte de Défense du Royaume établi en 1914 supprime le droit de grève et punit de prison qui veut faire grève.

nement se retirera ». Les mineurs rirent de ces déclarations gouvernementales. On ne met pas en prison cent, deux cents mille hommes. C'était un pur bluff. Ils réaffirmèrent leur menace de grève et le gouvernement offrit un compromis. Réunion immédiate d'une commission, présidée par un juge, composée de représentants de mineurs et de propriétaires de mines. La commission n'aurait pas, bien entendu, de pouvoir législatif, mais le gouvernement s'engageait à donner aux conclusions de la commission un effet législatif tant dans la lettre que dans l'esprit des conclusions. Les mineurs acceptèrent le compromis, mais leur acceptation sous-entendait que la commission leur donnerait satisfaction.

La masse ouvrière échappait à la direction des fonctionnaires des fédérations, tant régionales que nationales. Tandis que la commission travaillait, des grèves partielles éclataient deci delà, non officielles, c'est-à-dire sans l'assentiment des fonctionnaires fédéraux, « pour montrer aux leaders que les demandes des mineurs sont solides comme granit », ainsi que le disaient les petits leaders locaux. Ici une section affirme : « les mineurs doivent décider de l'exploitation des mines non pas d'après le système de l'exploitation statale, mais d'après le système de l'exploitation soviétique ». Ailleurs une fédération régionale expulse son secrétaire, par un vote de dix contre un, parce que les hommes le jugent réactionnaire, parce qu'il ne veut pas donner la paye de grève. Pour quasi rien les hommes recourent à la grève ex abrupto : ainsi, les mineurs du Sud de Galles, en mars, entrèrent en grève, sans avertissement préalable, tout simplement parce qu'on avait arrêté deux mineurs qui avaient refusé de payer l'impôt sur le revenu. Le gouvernement dut ordonner leur relaxation pour que les hommes retournent au travail.

Tous ces faits, qui révèlent une lutte entre les masses ouvrières et leur bureaucratie, indiquent d'autre part leur état d'âme. On comprend après cela qu'un de leurs élus à la Chambre des Communes Vernon Hartshorn pouvait justement dire : « Quoi que ce soit que la commission des mines décide au sujet du salaire et des heures du travail, je suis sûr que si la nationalisation des mines et des chemins de fer n'est pas concédée, le syndicalisme ou le bolchevisme remplacera les demandes faites maintenant. Les ouvriers ne veulent plus emplir davantage les poches des propriétaires des mines ».

Tandis que les hommes montrent ainsi l'esprit qui règne parmi les travailleurs du fond et de la surface des mines, la commission travaille avec activité (1). Tout ce qui concerne les mines relève de son examen : salaires, durée du travail, exploitation des mines, traitement de la houille, produits et sous-produits, usines métallurgiques, procédés techniques et quantités produites, exportation conditions du fret, etc. La commission ne perd pas un instant : elle siège parfois dix heures par jour ! Les mineurs attendent et, nouvelle épée de Damoclès, la menace de grève est toujours suspendue ! Il faut se hâter. Après

----

(1) Parmi les représentants des mineurs citons Robert Smillie et Frank Hodge, fonctionnaires de la Fédération des Mineurs, Sir Leo Chiozza Money, un économiste, ancien ministre libéral, qui s'est rallié au socialisme au cours de la guerre et a joint l'I. L. P. et enfin Sidney Webb, le socialiste fabien si connu, un économiste distingué, dont le défaut est, en sa qualité de spécialiste remarquable, de n'avoir aucune vue d'ensemble. Il ne voit que sa spécialité. C'est un partisan acharné du socialisme d'Etat. Les Communistes britanniques partisans du régime des Conseils ouvriers le traitent de vieux réactionnaire intraitable. Parmi les représentants des propriétaires et des patrons figure M. Balfour, ministre actuellement et philosophe.

trois semaines de ce dur travail, la commission présidée par le juge Sankey accouche d'un rapport que le gouvernement déclare endosser. Il conclut à 1° une augmentation de salaire de 2 fr. 50 par jour et à divers autres petits avantages ; 2° la journée de sept heures à partir de juillet 1919 et celle de six heures à partir de juillet 1921 ; 3° une semaine de 46 heures et demie pour les ouvriers de la surface ; 4° la nécessité d'unifier l'industrie des mines ; 5° la condamnation du système présent de propriété et le travail des mines.

Les conclusions du juge Sankey au nom de la commission étaient un compromis entre les prétentions ouvrières et patronales. Naturellement personne ne fut content. Du côté patronal on déclara : « La commission a résolument fermé les oreilles aux opinions de ceux qui défendent la propriété privée ». Du côté ouvrier, on réclama une augmentation de salaire de 3 fr. 20 par jour, une semaine de 45 heures pour les ouvriers de surface et la journée de six heures à partir de juillet 1920. Les syndicalistes ou soviétistes, eux, observaient : « La commission est en somme composée de bourgeois et par suite elle cherche à résoudre les affaires avec le moins de pertes possibles pour les capitalistes, ce qui explique le compromis proposé ». La commission condamnait le système présent de propriété des mines, mais elle ne se prononçait pas pour la nationalisation. Elle n'avait pas eu le temps d'étudier la question. Elle demanda une prolongation de temps pour déposer son nouveau rapport. Les mineurs acceptèrent de reculer l'échéance de leur grève donnant jusqu'au 20 mai pour la date du dépôt du rapport. Ultérieurement elle fut reportée au 20 juin. Cependant les mineurs consultés par referendum adoptaient le premier rapport du juge Sankey par

143.000 contre 21.000 voix qui étaient celles des mineurs de South Wales.

Donc la commission continue ses travaux pour vider la question de la forme de la propriété des mines. Elle convoque des témoins qui prêtent serment (1). Les membaes de la commission les interrogent, parfois aussi le président juge Sankey. L'interrogatoire est contradictoire, il y a discussion et tout est public, de sorte que les gazettes consacrèrent des colonnes aux compte-rendus de ces séances sensationnelles. Elles l'étaient certes sensationnelles, quand Robert Smillie interrogeait les propriétaires du sol, le duc de Northumberland, le marquis de Bute, le comte Durham et les autres lords Dynevor, Dunraven, Tredegar, etc. ou bien les propriétaires des exploitations minières, de riches industriels et financiers (2). En Grande-Bretagne, qui est propriétaire du sol est propriétaire du sous-sol. Comme tels « les nobles lords » recevaient des droits par tonne extraite et aussi pour le passage dans les chemins, canaux etc., qui sont sur leur propriété. Les représentants des mineurs tinrent à faire dire quelles étaient les superficies possédées, le montant des droits perçus par ces « nobles lords » et leurs titres de propriété

---

(1) Les lords propriétaires du sol ne vinrent pas volontiers déposer devant la commission. Ils furent appelés « sub pœna », c'est-à-dire par une assignation qui leur ordonnait de comparaître en personne, sous peine d'être emprisonnés — sans limite de temps — pour mépris du tribunal.

(2) Le dialogue courtois cachait sous sa politesse une arrogance et un mépris voulu des nobles lords pour l'audacieux mineur et aussi une certaine crainte de la puissance ouvrière. Il montrait de la part du mineur de l'âpreté et même de la haine contre la caste capitaliste, foncière et industrielle.

(1). Tout cela était connu d'un petit nombre de personnes, des spécialistes, mais était ignoré du grand public bourgeois et ouvrier. La presse dut donner à tous ces témoignages une large publicité qui éclaira l'opinion publique. En réalité, ce qui était en cause, c'était le droit d'un homme, de ses fils et des fils de ses fils à s'engraisser sans rendre service à la communauté. « En temps que propriétaire, je ue rends aucun service à la communauté » répondit sèchement le duc de Northumberland à une question de Robert Smillie.

Tous ces faits, des révélations pour la masse ouvrière, n'étaient point pour lui faire abandonner l'idée de nationalisation des mines. Au contraire. Il en fut de même de la connaissance des bénéfices des compagnies minières. Les profits de ces compagnies sont toujours en partie cachés au moyen de la capitalisation des réserves et autres réajustements du capital. En quelques années, les sociétés minières les plus productives ont remboursé à leurs ac-

---

(1) Le duc de Northumberland possède 85.000 hectares, ses droits sur les minéraux du sous-sol s'étendent sur 122.000 hectares. En 1918, toutes les taxes payées, il eut net un revenu de 600.000 francs de droits sur les mines. Le duc de Hamilton a 28.000 hectares et son revenu total s'élève à 6 millions. Le marquis de Bute a 64.000 hectares. Lord Tredegar a 41.500 hectares, ses droits s'élèvent à 350.000 francs. Le comte Durham a 6.200 hectares, ses droits en 1918 s'élevèrent à un million de francs.

Au sujet des titres de propriété il ressortit des témoignages que souvent il n'y a aucun autre titre que celui de s'être emparé des terres au cours des siècles, par le simple droit du plus fort, ou du plus rusé, ou du plus habile. Si tel n'était pas le cas, la propriété provenait alors d'un don du roi, qui le plus souvent avait confisqué la propriété à un autre « noble ». Ainsi lord Dynevor cónta qu'un de ses ancêtres eut la tête tranchée par ordre d'Henri VIII, qui « nationalisa » alors sa propriété.

tionnaires tout le capital souscrit. Les réserves non distribuées aux actionnaires, mais constituant une partie de l'actif des sociétés, sont si considérables que les prix actuels des actions représentent plusieurs fois la valeur nominale des dites actions (1). Les bénéfices énormes qui échoient ainsi aux actionnaires sont un des motifs mis en avant par les partisans de la nationalisation. Elle fut le centre autour duquel se livra la plus ardente bataille. Elle devint l'ennemi contre lequel tout le monde capitaliste s'éleva. Devant la commission, les témoins, propriétaires du sous-sol et des mines et des usines, se dressèrent en adversaires résolus et intraitables de la nationalisation. « La commission n'a rien à faire avec cette question qui regarde le Parlement seul », déclare d'un air méprisant le duc de Northumberland, qui ajoute avec une pointe d'esprit : « J'ai déduit des écrits de M. Sidney

---

(1) Pour mille francs investis en 1902 dans les actions de la Powell Deffryn Steam Coal. Co. on a reçu en quinze ans 3.800 fr. de dividende et actuellement les actions achetées mille francs pourraient être vendues 5.500 fr. Ainsi mille francs ont rapporté 9.300 fr. en 15 ans. — Pour une autre compagnie, Ocean Coal and Wilson's Ltd., 1.000 fr. investis en 1913 dans des actions ordinaires à 10 fr. par action de 5 fr., ont reçu 745 fr. et sont vendables à 2.365 fr. En 5 ans 1.000 fr. ont rapporté 3.110 fr. — Ces deux sociétés sont du Sud de Galles. — Prenons une petite compagnie écossaise, Loch Gellz Iron and Coal Co. Nous voyons que mille francs investis en 1910 dans des actions de cette société auraient reçu 987 fr. de dividende et qu'elles sont maintenant vendables à 2.025 fr. Donc 1.000 fr. en 8 ans ont rapporté 312 fr. Il en est de même pour la Manvers-Main, mine (Yorkshire), 1.000 fr. investis en 1910 auraient reçu 840 fr, et les actions seraient vendables à 2.500 fr. Il ne s'agit pas là d'exceptions, car plus de la moitié des compagnies donnent de pareils bénéfices scandaleux. Les dividendes varient de 30 à 60 o/o du capital.

Webb que la nationalisation serait un désastre pour le pays ». Selon le président du National Council of coal traders, la nationalisation ou le contrôle du gouvernement sur les mines détruira l'initiative individuelle et tout effort. Elle créera un sentiment d'irresponsabilité. Et, à l'appui, il cite quelques hauts faits de la bureaucratie statale (1). Au nom de la Mining Association, lord Gainsford déclare : « Si les propriétaires ne sont pas laissés dans leur contrôle complet de la direction des mines, ils déclineront la responsabilité de continuer l'industrie minière, et cependant ils savent que dans ce cas il n'y aura pas d'autres alternative que la nationalisation en de mauvaises conditions. »

Si tout le patronat est contre la nationalisation, « expérience très dangereuse, car elle se ferait sur un élément trop important de l'industrie », le monde des sociologues et des économistes prête l'appui de sa force scientifique aux réclamations des mineurs. La presque unanimité des savants qui témoignèrent devant la commission soutinrent la thèse de la nationalisation. Elle empêcherait les bénéfices des compagnies minières, améliorerait les conditions de vie des ouvriers (2) et rendrait le charbon moins

(1) Il rapporte notamment qu'en deux ans le contrôleur des houillères a lancé cent instructions (ordres, circulaires), dont la plupart furent impraticables ou impossibles. Il cita un cas dans lequel trois départements ministériels prirent quatre mois et vingt séances de commission pour résoudre un affaire que deux hommes d'affaire auraient résolu en une demie heure.

(2) Elles sont souvent mauvaises, surtout les conditions de l'habitation. Les chaumières des mineurs sont misérables, en Ecosse surtout. Quelques descriptions en furent données par des femmes de mineurs qui vinrent témoigner devant la commission. Le noble lord comte Durham ne voulant pas reconnaître les mauvaises conditions des chaumières minières sur ses propriétés, R. Smillie lui demanda s'il aimerait à y vivre. Et le noble Lord de répondre en riant, tandis qu'il se renversait sur sa chaise: « Oh non ! je préfère vivre où je vis ».

cher au public. Il y aurait moins de profiteurs et d'exploi-
teurs. Bien des mines qui actuellement sont inexploitées à
cause des frais élevés d'exploitation produiraient alors,
car les bénéfices des autres mines compenseraient les pertes ou les manques à gagner de celles-ci. Toutes les mines
seraient exploitées et la production houillère croî-
trait. Les possibilités de grèves seraient beaucoup
moindres avec les mines nationalisées qu'avec les mines, possessions privées. De plus la nationalisation donnerait aux travailleurs le sentiment qu'ils travaillent pour
la communauté et non au profit de particuliers. Le premier ministre du Queensland, M. Ryan, vint avec toute
son expérience de dirigeant dans un pays où la nationalisation est d'usage courant, assurer que « la nationalisation réussit très bien quand les travailleurs ont foi dans
cette politique. Alors ils donnent le même travail honnête
avec l'État-patron qu'avec un particulier patron ».

La fédération nationale des mineurs fit déposer devant
la commission, par son avocat-conseil, un projet de loi de
la nationalisation des mines et minéraux (1). Le 20 juin, la

(1) Voici la substance de ce projet :

I : Un conseil des mines avec un président, qui aura titre de
ministre des mines, et vingt membres. Dix nommés par le gouvernement, dix par la fédération des mineurs, pour une durée de 5
ans, rééligibles. Le salaire annuel du ministre sera 50.000 fr., de
le secrétaire parlementaire aura un salaire de 37.500 fr.

II : Tous les employés des mines gardent leurs droits de syndiqués, de citoyens au point de vue civil et politique, comme s'ils
n'étaient pas employés de l'État.

III : Le conseil des mines prend à perpétuité toute houillère et
mine, et tout charbon, anthracite, lignite, minerai de fer, ardoise,
argile réfractaire, pierre à chaux et autres minéraux, et tous les
droits et tous les privilèges spéciaux (*easements*) qui proviennent
actuellement des mines ou qui sont nécessaires à leur travail ou à
l'extraction des minéraux.

commission clôturait ses travaux avec quatre rapports :
1° Rapport du président, le juge Sankey, 2° celui des représentants des mineurs, 3° celui des représentants des
propriétaires, 4° celui d'un membre, sir Arthur Duckham,
qui était en désaccord avec tous. L'économie du rapport
Sankey était la suivante : « Le Parlement est invité immédiatement à faire une loi pour l'acquisition par l'État des
droits des propriétaires du sol, en payant une honnête
compensation à ces propriétaires. Le principe de la pro-

IV : Le Conseil des Mines achètera les mines de Grande-Bretagne, pourvu toutefois que la valeur des Royalties (droits des propriétaires du sous-sol), seigneuries et droits de circulation ne
soient pas prises en compte lors de l'évaluation du prix, car pour
tout ceci aucune compensation ne sera payée.

V. — Dix commissaires seront nommés pour fixer le prix de
cet achat : trois par la Fédération des mineurs, trois par l'association des mines de Grande-Bretagne, les autres par le gouvernement.

VI : Le prix d'achat des mines sera basé sur la production moyenne annuelle des 5 ans précédant août 1914, avec un prix maximum, capitalisé sur le prix de la tonne à 15 fr. pour les mines
produisant moins de 100.000 tonnes et à 12 fr. 50 pour les autres.

VII : Le paiement des mines et propriétés jointes qui doivent
être achetées se fera en action « d'achat de mines » appelées « actions des mines d'État garanties ».

VIII : Le Conseil des mines peut faire ses achats, (propriétés
mines etc.) par expropriation.

IX : La Grande-Bretagne, au point de vue de l'industrie minière est divisée en deux districts, avec un conseil pour chaque
district. Il sera composé de dix membres dont moitié élu par la
Fédération des mineurs. Le conseil des districts nommera des
« conseils de puits » pour chaque mine ou groupe de mines, composés de 10 membres dont la moitié sera élue par la Fédération des
Mineurs.

X : Le Conseil des Mines devra s'assurer qu'il y a un approvisionnement suffisant de combustible dans toute la Grande-Bretagne.

priété statale des mines de houille est accepté et reconnu. Le Parlement est invité immédiatement à faire une loi pour l'acquisition par l'État des mines de houille, après un délai de trois ans d'administration locale selon un projet annexé. Le contrôle des mines par l'État sera continué, à partir de la date de ce rapport, pendant trois ans. Il sera créé des conseils locaux de mines, des conseils de district et un conseil national des mines. Le Conseil national choisira dans son sein un comité exécutif qui assistera le ministre des mines. »

L'annexe du rapport en détaillait les divers points et disait en substance : « L'achat des mines consiste en achat des constructions, magasins, machineries. Chaque mine a un directeur *conseillé*, mais *non contrôlé*, par un « conseil local de la mine », où les ouvriers auront sans doute la majorité. En cas de conflit entre le directeur et le conseil local, le conseil de district décidera. Il y a 14 conseils de district composés de 14 membres, dont 4 élus par les ouvriers, 4 par les intéressés (techniciens et commerçants), 4 par les consommateurs en gros (industriels du fer, navires). Ces huit derniers sont choisis par le conseil national des mines. Le Ministre nomme le président et le vice-président. Le conseil de district contrôlera l'extraction, le prix de vente, les salaires, les conditions du travail, la répartition. Il nomme les directeurs des mines et élit le conseil national. Celui-ci choisit en son sein un comité exécutif de 18 membres pour assister, conseiller le ministre des mines seul responsable devant le Parlement. »

Selon le rapport des représentants des propriétaires, et parmi eux était un ministre M. Balfour, « la nationalisation serait un désastre et ne réduirait pas le prix du charbon. Toute l'enquête de la commission a été conduite sur la base qu'il y avait antagonisme entre ouvriers et employeurs. Or il n'en existe aucune preuve. Il n'y a aucune raison à l'appui des mesures proposées par le rapport du juge Sankey ».

Lorsqu'on compare l'économie du rapport Sankey avec le projet de nationalisation des ouvriers, on constate qu'en apparence il en reproduit l'ensemble. Ceci explique que le rapport des représentants des mineurs agréait en substance avec le rapport Sankey. Cependant ces deux se différenciaient sur des points très importants, vitaux mêmes. D'après l'organisation proposée par le juge, les conseils de districts, en fixant les conditions de travail et le salaire, rendaient les grèves illégales, ce qui était briser l'arme unique des ouvriers. D'ailleurs il est à noter que dans tous les conseils les représentants d'ouvriers sont la minorité ! En outre les trois mineurs membres de la commission n'agréaient pas le principe d'une indemnité aux propriétaires du fief et du sous-sol, sauf au cas où cela les priverait de leurs moyens de vivre. Le rapport des représentants ouvriers demandait en outre une enquête à propos de la quantité extraite par tête.

La diminution de l'extraction fut en effet signalée au cours des travaux de la commission comme un phénomène général. Les causes en sont diverses : mauvais état du matériel d'extraction, de roulage, des chemins et routes, des galeries de mines ; manque de chevaux, de wagons ; lenteur voulue des ouvriers. Il semble certain en effet que la diminution de la quantité extraite est une tactique des ouvriers pour supprimer les chômages et surtout pour diminuer le bénéfice patronal. Il en sera ainsi tant qu'existeront et la propriété privée des moyens de production et la lutte des classes. D'autre part, le mineur avec ses hauts salaires tend à se contenter de son gain pour un travail moindre. Il y a là une période de transition à passer : L'accoutumance à un nouveau type de vie, qui sera suivi du

désir de l'améliorer en y ajoutant par plus de travail. Il faut
aussi noter qu'une raison de la lenteur d'extraction est la
croyance de certains ouvriers que la classe ouvrière devient
plus riche en produisant moins. Ils basent cette croyance
sur le raisonnement suivant : « La production doit être
maintenue à un taux déterminé par la consommation ;
moins l'ouvrier produit, plus le patronat a besoin de lui,
par suite, plus il peut imposer ses conditions de salaires et
de travail. D'ailleurs ce phénomène est le même du haut en
bas de l'échelle. L'utilité à la communauté est en raison
inverse des richesses possédées ».

La gravité du rapport Sankey était dans le fait qu'il
concluait au principe de la nationalisation des mines. Il
donnait ainsi un appui formidable aux mineurs près de
l'opinion publique Britannique, accoutumée à considérer les
décisions des juges comme inspirées par la justice objec-
tive. Les propriétaires de mines, les industriels, les gros
commerçants sentirent le danger pour le système capitaliste tout entier. Par la brèche ouverte, en effet, se glisse-
raient toutes les autres nationalisations.

La nationalisation des mines est la bête noire. « Jamais cette Chambre des Communes ne l'établira ! C'est
une absurdité », crie-t-on un jour en pleine séance des
Communes. Et à la Chambre des Lords, le Comte Brassey
dit : « La situation est très sérieuse. Elle va en empirant.
Le commerce Britannique est perdu, car il ne peut sup-
porter ni l'augmentation des salaires, ni la réduction des
heures de travail. Les concessions faites aux ouvriers ne
suppriment pas le danger du bolchevisme. La principale
cause des troubles sociaux vient de ce que le gouvernement a cédé à la Triple-Alliance en formant la commission
des mines ». Et le duc de Nortumberland appuie de son
humeur batailleuse en disant : « La foule ouvrière ne de-

mande pas la nationalisation. Elle est un produit des idées socialistes des Fabiens. C'est un simple essai syndicaliste de démolir toutes les formes existantes de gouvernement pour réduire le pays au niveau de la Russie. Il faut résister. Il faut en appeler au pays. Quant au Parlement, il n'écoutera pas et ne suivra pas le rapport Sankey ».

Les positions sont prises, la lutte est engagée. D'un côté le capitalisme minier, de l'autre le prolétariat minier. Entre les deux le gouvernement. Il est coincé entre ces deux forces. Il sait que la majorité du Parlement ne votera jamais la nationalisation. D'autre part, ses membres appartiennent à la classe capitaliste et leurs intérêts sont ceux de cette classe. Ils croient encore pouvoir dominer par la force, la contrainte et la crainte. Alors ils tentent de désagréger le bloc du prolétariat, de dresser les ouvriers d'industrie, les petits commerçants, la petite et moyenne bourgeoisie contre les mineurs.

Diviser pour régner ! Et le gouvernement annonce qu'à partir du 21 juillet le prix du charbon sera élevé de 7 fr. 50 par tonne pour compenser les augmentations dues à la diminution des heures de travail et à l'accroissement des salaires, (voir ce que j'ai dit précédemment). Le Parti travailliste au Parlement conteste l'utilité de cette augmentation et proteste contre son établissement. Le ministre Bonar Law accepte de suspendre cette mesure, si, pendant les trois mois qui viennent, les mineurs s'engagent à ne pas faire grève. Cette manœuvre machiavélique avait pour but : 1° en cas de réussite, d'empêcher toute grève générale contre la politique d'intervention en Russie, contre l'income-taxe, contre le service obligatoire ; 2° En cas d'échec, de montrer les mineurs comme auteurs de la vie chère, de la ruine industrielle et commerciale du pays ; 3° peut-être, de précipiter les mouvements de grève et

ainsi de les faire éclater au milieu d'une opinion publique hostile.

Encore que très habile, la manœuvre échoua parce que
personne ne crut à la nécessité de cette augmentation,
parce que les ouvriers, tant des mines que des autres industries, considérèrent la mesure comme la preuve de la politique anti-ouvrière menée par le gouvernement. Quant au
patronat, il chercha aussitôt à s'en servir pour accroître
ses bénéfices (1). En même temps que le gouvernement
augmentait le prix du charbon, il prenait diverses mesures pour diminuer son exportation, son embarquement en
certains port. Et ainsi il essayait de dresser, contre les mineurs, les patrons et ouvriers de la grande industrie de
l'armement des navires etc.

Tout cela était œuvre vaine. Les mineurs n'eurent
même pas l'idée qu'ils pouvaient céder. A la conférence
que leurs délégués tinrent à Keswick le 18 juillet, ils reje-
tèrent les offres du gouvernement à l'unanimité moins
trois voix, qui étaient celles de trois M. P., Brace,
Hartshorn et le Major Watts Morgan. Ainsi unanimement
ils ne voulaient pas s'engager à ne pas faire grève. Unanimement ils votèrent le 2ᵉ rapport Sankey, malgré qu'il
leur enlevât le droit légal de grève. Unanimement ils
invitèrent le gouvernement à appliquer le 2ᵉ rapport Sankey, suite naturelle du premier que le gouvernement avait
endossé.

La réponse des mineurs constatait réellement l'état de

(I) Ainsi une firme avisa sa clientèle qu'elle augmentait de
5 o/o le prix de ses produits à cause de l'augmentation de 7 fr. 50
par tonne du combustible. Or cette augmentation grévait sa tonne
de produit de 17 fr. 50. Et elle accroissait son prix de vente de
5 o/o c'est-à-dire de 75 fr.!! Son bénéfice se trouvait ainsi accru
de 37 fr. 50 par tonne !

guerre formelle entre les classes. Cette constatation était
faite sous une autre forme par Lord Guisborough s'excla-
mant au « Junior constitutional Club ». « La guerre qui
vient d'avoir lieu sera peut-être insignifiante, comparée à
celle qui peut venir : une guerre entre le bolchevisme et
la loi et l'ordre ». Naturellement il s'agissait de la loi *actuelle* et de l'ordre *actuel* qui ne sont pas la loi et l'ordre
des temps passés et qui ne seront pas la loi et l'ordre des
temps futurs.

IX. — LA GUERRE SOCIALE

La longue guerre nationale a été close le 11 novembre
1918. Voici maintenant la guerre sociale. A la vérité elle
continue plutôt qu'elle ne commence, car son commencement réel date d'août 1914. A présent la Grande-Bretagne
est en pleine guerre des capitalistes contre les prolétaires.
Ceux-là veulent profiter de leur pseudo-victoire sur les
Puissances centrales pour abattre la puissance naissante
du prolétariat. Et partout celui-ci riposte avec force. Ce
ne sont que troubles et grèves. A Cardiff, Liverpool, New-
port, Barry et autres ports, nègres et soldats blancs démobilisés se battent (1). Ils sont nombreux, ces derniers, et
malgré la pénurie de main-d'œuvre, en mai, il y avait
encore parmi eux 400.000 chômeurs (2). A Hyde Park ma-

(1) La cause principale des conflits entre blancs et gens de cou-
leurs est la jalousie des premiers vis-à-vis de leurs femmes, qui
durant la guerre ont accepté aisément les hommages des noirs.
Ceux-ci ont perdu le respect et de la femme blanche et de la su-
périorité de la race blanche et de l'autorité en général. Lors de leur
retour dans leurs divers pays, ces modifications psychologiques
auront des conséquences à proches et lointaines échéances.

(2) A fin avril il y avait un million de chômeurs, nombre tombé à
771.000 à fin mai, sur lesquels 222.000 femmes. En 5 mois l'Etat
leur versa 360 millions de francs pour vivre.

nifestation imposante de ces démobilisés qui amèrement crient avec l'un d'eux, blessé de Loos : « Nous étions des combattants et nous n'étions pas à la maison pour remplir nos poches. Alors rien n'était trop bon pour nous ! mais maintenant.... ! Nous voulons du travail ! » La police leur donne quelques coups. Les pavés de bois volent et frappent ! Les béquilles servent d'armes ! Tout cela n'adoucit point l'amertume de la foule. Au contraire, car l'âme de ces anciens guerriers n'est plus celle des ouvriers qu'ils étaient dans l'avant-guerre. Pour un rien ils entrent en conflit avec la police, défiant l'autorité, brisant réverbères, vitres, etc.,comme à Wolverhampton en mai, en fin de compte obligeant l'autorité à céder plus ou moins. Ce sont les « hommes sans maîtres » de la fin des grandes guerres des XIV et XV⁰ siècles ! Les soldats suivent l'exemple des démobilisés et refusent de partir, qui pour les Indes, qui pour l'Egypte où il y a des troubles, qui pour la Mourmanie ou l'Asie Mineure.

Les grèves sont endémiques et éclatent à tout propos. Ici, ce sont les ouvriers du textile ; là, les dockers ; ailleurs les boulangers, les garçons de restaurants ; un peu partout les cheminots et les mineurs. Les réclamations varient selon les professions, mais sont toutes d'ordre corporatif ; salaires et heures de travail, ou autres conditions du travail (1).

____

(1) Les boulangers ne veulent plus du travail de nuit et réclament un minimum de 100 fr. par semaine. Pour qu'on ne leur reproche point d'affamer le public, ils déclarent : « Que le gouvernement réquisitionne les boulangeries, et alors nous travaillerons pour l'Etat. » Au moment où j'écris, la grève continue et certaines villes ont manqué de pain. — La grève des ouvriers du textile, dans le Yorkshire fut particulièrement longue, chaotique, car les ouvriers tisseurs acceptaient un compromis que refusaient les ouvriers filateurs sous l'influence des délégués d'ateliers. Au

Toujours il y a des conférences entre patrons, ouvriers et gouvernement; aussi des compromis terminent momentanément les conflits, le plus souvent à l'avantage des ouvriers. Partout ces grèves révèlent des luttes intestines entre la bureaucratie syndicale et les délégués d'ateliers. Une autre caractéristique est l'entrée des employés de bureau dans le grand mouvement syndical. Ils s'unissent avec les syndicats et fédérations ouvrières de leur propre industrie. Le mouvement de synthèse ouvrière sur la base de l'industrie, au lieu de la profession, continue sans discontinuité. L'union des ouvriers manuels et des ouvriers intellectuels effraye le patronat, car ces derniers ont, de par leur fonction, la connaissance confidentielle et intérieure de toutes les affaires. Ils en savent les dessous. Ils connaissent les bénéfices, les ententes secrètes pour supprimer la concurrence entre les industriels.

Les convulsions sociales du monde ouvrier britannique se produisent non seulement dans les Iles Britanniques mais encore dans les Dominions Britanniques. En Australie, les gens de mer en cessant de travailler perturbent toute la vie. Les exportations sont arrêtées, les fruits pourrissent dans les vergers, car rien ne servirait de les cueillir, les mines restent mortes, car rien ne servirait d'extraire la houille. Le gouvernement australien poursuit et condamne les leaders qui conseillent le refus d'arbitrage. Mais cela ne sert à rien, les grèves continuent des mois. Comme en tout le reste de l'Empire Britannique, au sein du Labour Party des conflits in-

---

cours de cette grève qui englobait plus de 100.000 hommes, non encore terminée au moment où j'écris, se fit jour l'idée de la nationalisation des usines de l'industrie textile. Les bénéfices avaient été énormes au cours de la guerre. Ainsi une filature gagna annuellement 4 fois plus que dans l'avant-guerre, et cela tous droits payés.

ternes se développent. Les conseils ouvriers, les délégués
d'ateliers apparaissent là aussi. La gauche est encore en
minorité, mais de bien peu (15 voix sur 240).

Dans le Dominion du Canada on assiste aux mêmes
phénomènes. Un moment, à Winnipeg, la grève est générale. Les industriels se sont enrichis, les agriculteurs, aussi
tous scandaleusement. La main-d'œuvre a diminué par
suite du service à l'armée. Le trade-unionisme a gagné
énormément, et un esprit nouveau, celui-ci engendré par
la guerre et que nous avons signalé, imprègne les hommes.
Aussi nous retrouvons les conseils d'ouvriers et les délégués d'ateliers. Le mouvement vient de l'Ouest, de l'Alber-
ta, du Sakatschévan, du Manitoba où la population est un
peu écossaise, anglaise et belge. Il gagne le Canada français
et anglais, mais le clergé catholique y fait un opposition
sourde, en sa qualité d'agent de conservation sociale selon
la tradition de l'Eglise. Le gouvernement emploie la manière
forte. Il estime que ce mouvement est révolutionnaire et il
déclare la loi martiale. Tanks, mitrailleuses, avions circulent, tandis que les leaders sont arrêtés et que le parlement
vote une loi autorisant la déportation des agitateurs.

Ce qui se passe dans l'Amérique britannique se passe
aussi dans l'Asie et l'Afrique britanniques. Les Indes, l'E-
gypte sont en ébulition. Des émeutes, des batailles. (1) La

____

(1) Ces mouvements furent en grande partie nationaux. Ils n'é-
taient pas religieux, mais étaient contre la domination anglaise.
Les méthodes de terrorisme chères aux armées prussiennes durant la guerre furent employées, tant il est vrai que le militaire
professionnel est et tend partout à être le même, comme je l'ai
montré il y a 25 ans déja dans la *Psychologie du Militaire Professionnel*. La disproportion entre les pénalités infligées par les cours
martiales et, la soi-disant délinquance fut telle qu'un illustre poète
hindou, Sir Rabindranath Tagore, rendit au gouvernement britannique son titre de « chevalier » par une grande et belle lettre.

repression est sanglante de la part du gouvernement central plus qu'elle ne l'était des gouvernements des dominions. Le capitalisme commande plus celui-là que ceux-ci.

La lutte sociale est donc partout dans l'Empire. Elle a lieu surtout sur le terrain économique pour l'amélioration des conditions de travail, car la vie a augmenté depuis l'avant-guerre de 150 à 200 o/o, et les salaires eux n'ont augmenté que de 90 à 130 o/o selon les professions. Elle a lieu aussi sur le terrain fiscal (1) et sur le terrain politique pour modifier la politique du gouvernement à propos des interventions dans la vie des nations du continent. La lutte adopte surtout la forme de l'action directe, des grèves, parce que la masse prolétarienne a perdu confiance dans le parlement actuel qui obéit au gouvernement dont le manque de foi ne se compte plus. Plus même, cette masse prolétarienne a perdu confiance dans le parlementarisme. C'est pourquoi, à la recherche d'une nouvelle forme de gouvernement, elle fait bon accueil aux conseils ouvriers et recourt à l'action directe comme mode de pression. La police même est gagnée à cette manière d'agir. Elle se forme en syndicat avec les gardiens de prison et les pompiers et réclame une augmentation de salaires, une diminution des heures de travail. Elle manifeste et menace de grève. Le gouvernement octroie en partie les améliorations demandées et fait voter une loi à cet égard ; par contre, il s'oppose d'une façon absolue à la reconnaissance de « the London Police and Prison Officiers Union », et même menace de poursuivre les grévistes pour crime de

____

(1) Les mineurs du South Wales décidèrent de réunir toutes les feuilles des taxes sur le total de leur salaire (impôt sur le revenu): d'envoyer ce tas de feuilles au secrétaire général de leur fédération, M. Thomas Richards M. R., qui les retournera au ministre des finances.

forfaiture. La menace porta peu, car, disaient des agents de police « qui nous arrêtera? qui même nous gardera en prison, puisque tous nous sommes syndiqués? » La grève éclata en août, peu importante, les hommes étant satisfaits des améliorations concédées ; mais cet échec relatif n'en est pas moins symptomatique de l'état d'âme du prolétariat et de l'intensification du conflit entre classes que j'avais prévu être la conséquence inévitable de la guerre (cf chapitre XII, de mes *Leçons de la Guerre mondiale*). Le gouvernement n'osa pas d'ailleurs poursuivre criminellement les policiers grévistes ; il se borna à déclarer qu'ils ne seraient pas rétablis dans leurs fonctions. Et il y eut des commencements de grèves de cheminots, et, par sympathie, des troubles assez graves à Liverpool : pillage, résistance aux soldats, etc.

Les masses ouvrières échappent à leurs fonctionnaires de syndicats, toujours inféodés aux moyens parlementaires. Elles n'ont plus confiance en ceux-ci. Elles espèrent en l'action directe (1).

---

(1) Tout n'est qu'apparence en l'action parlementaire, disent les partisans de l'action directe. C'est pour « la galerie » que les attaques au Parlement sont âpres et violentes. En fait, gouvernementaux et opposants sont amis. Ainsi, le 17 avril 1919, un des journaux « jaunes » de Lord Northcliffe contait un lunch à la Chambre des Communes où l'on vit ensemble le Prince de Galles, M. Lloyd George, M. Bonar Law, le leader de l'opposition libérale. M. Donald Mac Lean, le leader de l'opposition travailliste M. Adamson, et un des critiques les plus acerbes du gouvernement, M. Lambert. Le 22 juin à Blackpool à une manifestation de 100.000 ouvriers, M. Frank Hodge ayant dit : « Si le rapport Sankey est réalisé ce sera une révolution industrielle sans que le sang coule. Mais le Parlement n'écoutera pas la recommandation de la commission. Alors camarades, quelle sorte de signal sera-ce pour le mouvement ouvrier ? » Ce ne furent que cris : Action directe ! Action directe !

« La vie guerrière, écrivais-je en mars 1916, dans mes *Leçons de la Guerre Mondiale*, chapitre XII, aura donné aux masses prolétariennes la notion de la force des masses et leur aura fait comprendre la puissance de l'action directe. D'autre part la vie militaire est une vie de paresse relative. Il résulte de là une diminution de l'amour du travail, et aussi une constatation qu'on peut très bien vivre sans travail productif... Il y a aussi une diminution du respect de la propriété... Dans l'immédiat après-guerre, les hommes seront impatients du joug, auront des aspirations égalitaires, le goût de recourir à la violence pour satisfaire leurs besoins, une tendance à moins travailler et un désir de jouir de la vie, insoucieux du lendemain. Ce sont là des éléments qui constituent un esprit révolutionnaire ». Les faits postérieurs ont confirmé pleinement mes prévisions déduites de l'observation et de la connaissance de la psychologie humaine. Aussi ce m'est toujours un sujet d'étonnement de constater la sottise des dirigeants et des gouvernements s'étonnant de la récolte qu'ils obtiennent de leurs semailles, et s'entêtant le plus souvent à recourir à l'action violente pour résister au prolétariat et à continuer leur politique impérialiste, qui perpétue les causes d'irritation de la classe ouvrière. Sous toutes ces conditions des ambiances où elle se meut, la classe ouvrière a marché en avant à grand pas. C'est à cette masse, à l'homme « of the rank and file » comme disent les Britanniques et non aux leaders qu'appartient maintenant l'initiative. L'obéissance au chef est chose du passé. Ainsi le mouvement des délégués d'ateliers, des conseils d'ouvriers va croissant. Nous ne sommes encore qu'à son aurore. En 1914 l'I.L.P., le B.S.R. étaient loin en avant à la gauche du L.P. Maintenant le premier est presque à la droite, le second est au centre. Et à l'extrême gauche est le Communist Party adhérent à la 3ᵉ Internationale. Le mouvement général vers la gauche est certain, irréfragable. Le syndicalisme atteint même la bourgeoisie, non plus la petite bourgeoisie, celle qui fournit l'armée des employés de magasins et de bureaux, mais la moyenne, celle qui est le réservoir des professions libérales (1). Elle agit ainsi sous la poussée de divers facteurs, notamment les conditions économiques de plus en plus dures, la modification psychique due à la guerre et enfin l'imitation de la classe ouvrière manuelle qui paraît tant soit peu se défendre contre l'exploitation des capitalistes. L'union fait la force.

Ce mouvement de la bourgeoisie vers la gauche est l'indice de la gravité de la situation sociale de notre époque. Il va en effet fortifier étrangement le mouvement prolétarien, car il y apporte des éléments modérateurs ou excitateurs. L'apport de la bourgeoisie sera fait de qualités d'ordre, d'administration et aussi de ténacité, d'aspirations plus grandes, de moindre prise par la piperie des mots.

En présence d'un mouvement social d'une telle ampleur qui remue les masses jusque dans leurs profondeurs et s'étend et se ramifie au loin, le capitalisme et son agent le gouvernement sont désemparés. Aucune vue de politique générale, aucune suite dans une politique à échéance lointaine. La politique est au jour le jour. Elle a surtout comme base la répression et aussi l'amadouement, sans

---

(1) Ainsi il se forme une « Middle class Union » à l'imitation des syndicats bourgeois de l'Allemagne dans le but de résister à la poussée socialiste, mais qui, en fait, aidera à cette poussée. L'association des médecins agite la question de se transformer en syndicat. La « National Union of Scientific Workers », Association des Travailleurs Scientistes de l'Agriculture, de l'Aviation etc. employés par l'Etat, les villes etc. se transforme en syndicat.

parler des essais de déviation du mouvement ouvrier (1).. Par tout moyen approprié, les capitalistes cherchent à. profiter de la situation dans leur intérêt de classe et à écraser le prolétariat britannique et international. Nous. assistons ainsi à l'explication d'une politique quasi-identique à celle suivie au XVIIIe et au commencement du XIXe siècle par les gouvernants britanniques. La noblesse cherchait alors à empêcher la bourgeoisie de conquérir son. égalité publique. L'Angleterre était le centre de la réaction. européenne menant la bataille contre la Révolution Française, avec ses armées et surtout avec les armées des autres potentats qu'elle payait largement. La corruption des. leaders était son arme favorite. Aujourd'hui, même politique, et par défaut d'imagination les moyens ne sont pas changés. Le but seul diffère, car il s'agit de l'écrasement du prolétariat partant à la conquête de son égalité économique. C'est là une partie plus sensible du corps. capitaliste. Aussi la lutte tend à revêtir une forme pleine d'âpreté, à être sans merci, pis encore que durant le cours. des guerres nationales.

Certes cette acuité et cette âpreté de la lutte sociale qui actuellement se manifeste principalement dans les. guerres de Russie et de Hongrie et de l'Orient en général, sont pour une part une conséquence de l'épuisement physiologique produit par les 50 mois de guerre nationale. Il y a eu déminéralisation de l'organisme, épuisement nerveux et, par voie de conséquence, il y a eu un déséquilibre mental; d'où irritabilité très grande de tous les êtres. Elles.

____

(1) Il s'est fondé à cet effet un « National Democracy and Labour Party » et un « Centre Labour Party », qui d'ailleurs n'ont que peu d'importance, si tant est qu'ils en aient une. Le même phénomène existe avec le parti de la « Démocratie Nouvelle » certains leaders du Labour Party sont mésestimés dans le Parti.

sont aussi une conséquence du fait que la classe capitaliste
réalise la situation. Elle voit la force ouvrière due au nombre, et elle entrevoit que bientôt au nombre se joindra
l'intelligence par l'apport de la bourgeoisie salariée. Elle
voit que la classe ouvrière perçoit enfin sa force. Et alors
elle a conscience de sa grande faiblesse, car elle sait que
sa force ne repose que sur le bluff et sur la détention du
gouvernement, qui est elle-même un effet du bluff.

Aussi les dirigeants veulent continuer à en imposer aux
dirigés, n'hésitant pas à recourir à la répression dans la
mesure où elle est possible. Mais si la répression supprime
des combattants tués, envoyés au bagne ou en prison, elle
ne supprime pas les causes de la lutte sociale qui sont la
vie sans cesse plus chère, l'appétence des dirigés à l'égalité économique, dont la conséquence est la disparition des
classes sociales pour ne laisser subsister qu'une seule
espèce d'humains : les travailleurs. Cette politique au jour
le jour, répressive et corruptrice, perd de plus en plus les
sympathies populaires, même de ceux qui comptent encore
sur le jeu des institutions constitutionnelles et parlementaires pour résoudre les problèmes sociaux. Ainsi depuis
décembre 1918, date des élections au Parlement, l'opposition gouvernementale a gagné plus de 15 o/o des voix,
sans cependant que les nombreuses abstentions fussent
diminuées. La coalition gouvernementale a perdu cinq
sièges sur six élections partielles ! Dans le Lanarkshire, à
Bothwell, l'élection de juillet donna lieu à une campagne
d'une ardeur sans pareille. Toutes les forces capitalistes
mobilisées aboutirent à un échec considérable : La perte
du siège avec une minorité de sept mille voix ! Le point
central de la lutte a été la question de la nationalisation
des mines. Certes la circonscription de Botwell est une
circonscription riche en ouvriers des mines et de l'indus-

trie, mais elle compte aussi nombre de bourgeois industriels et autres.

Au résultat de cette élection, nul ne se trompa de ceux qui voulaient voir et entendre. Et ceux-là dirent : le gouvernement a perdu la confiance du peuple, qui veut la nationalisation des mines. Le gouvernement, lui ne le veut pas, ou plutôt le premier ministre Lloyd George ne sait s'il doit la vouloir ou ne pas la vouloir, car il cherche où est la Force pour suivre cette Force et ainsi rester Premier. Le Parlement actuel, lui, ne veut pas la nationalisation. La majorité des réactionnaires s'y oppose invinciblement. Aucun compromis n'est possible, parce que les deux partis qui s'opposent — capitalisme, prolétariat — ne peuvent transiger sur cette question de principe.

Certes il existe dans le monde capitaliste, parmi les jeunes surtout, des hommes qui voyant où leur classe est conduite par la politique à courte vue de leurs aînés, conçoivent une politique d'accord avec le prolétariat, une politique de concession qui prolongera la durée de leur puissance. Ils voudraient comme M. Garvin le disait dans *the Observer* le grand hebdomadaire conservateur, que la majorité parlementaire cessât de s'efforcer de paralyser le premier ministre et renonçât à ses rêves de réaction. Beaucoup de ces jeunes conservateurs pensent avec Lord Robert Cecil, que « le Labour Party sera bientôt le plus puissant dans l'Etat ». A cause de cela, ils voudraient traiter avec lui, pour conserver, partiellement au moins pendant le plus longtemps possible encore, les privilèges sociaux et économiques que la classe capitaliste possède actuellement. Mais ces conservateurs avisés ne détiennent pas la majorité du Parlement ni la majorité du gouvernement. Aussi la lutte sociale ira en s'intensifiant sur le terrain constitutionnel par les manifestations les plus

diverses, par les grèves à buts corporatifs, et sur le terrain de l'action directe, sous la pression de l'extrême-gauche sans cesse croissante, par la grève générale, ou quasi
générale à buts politiques.

Cette grève générale est menaçante, malgré que le
temps en s'écoulant permette au gouvernement de sembler
donner satisfaction aux réclamations ouvrières (1). Il semble
qu'elle éclatera avant que six mois ne s'écoulent, si d'ici là
une dissolution du gouvernement ne vient donner au peuple Britannique le moyen d'exprimer partiellement sa volonté. (2) C'est le seul moyen d'arriver à un changement de
politique vis-à-vis de nations continentales avec gouvernement révolutionnaire et à une nationalisation des mines

––––––––

(1) Ainsi, dans les premiers jours d'août, tous les « conscientious objectors » étaient mis en liberté — ils avaient pendant des
années subi de la prison contrairement à la loi votée par le Parlement —. Ainsi l'ordre d'évacuation de la Mourmanie par les troupes britanniques fut donné. Mais cela n'était que de la poudre aux
yeux jetée à profusion pour tromper les ouvriers, car le gouvernement continuait à envoyer de l'argent, des munitions, des armes,
des vêtements, etc., même des instructeurs militaires à Denikine
et à Koltchak.

(2) Maints leaders parlementaires du L. P. pensent qu'il en sera
ainsi avant Noël 1919. Plusieurs considèrent que le L. P. devra alors
prendre le pouvoir partiellement et peut-être en totalité. Il semble
probable en effet que les prochaines élections Britanniques amé-
neront à Westminster, sinon une majorité absolue de travaillistes,
au moins une très forte minorité, qui, jointe aux radicaux, consti-
tuerait une majorité capable d'opérer législativement de profondes
réformes sociales. Il est à noter que tout concorde pour faire prévoir au sociologue que la situation sera identique en France et en
Belgique aux élections prochaines. 1920 verra donc des parlements
britannique, français, belge avec des minorités socialistes ouvrières si fortes qu'elles devront assumer partiellement ou en totalité
les responsabilités du pouvoir.

faite pacifiquement. Il est vrai que cette nationalisation serait la brèche dans l'organisme capitaliste, par où ensuite passeraient successivement toutes les modifications sociales réclamées par le socialisme et le syndicalisme. Si ces transformations de la politique ne se font pas pacifiquement par la voie du parlementarisme, elles se feront par la voie de l'action directe, généralisée sous l'étreinte puissante des conditions alimentaires. Et 1920 semble l'échance probable pour cela, car il parait difficile que les peuples supportent jusqu'en 1921 la disette et la famine, qui viennent inévitablement de par l'insuffiuance de production et les inégales répartitions (1).

Telle est la situation présente de la lutte sociale en Grande-Bretagne. S'ils le veulent, ouvriers des campagnes et des usines sont les maîtres de l'heure. Leurs leaders sont plus importants que les ministres. L'opinion est plus préoccupée des décisions des conférences ouvrières que de celles des gouvernements alliés et associés. Actuellement l'éparpillement des forces ouvrières, leur obéissance partielle aux dirigeants, leurs ennemis, maintient leur esclavage vis-à-vis des capitalistes qui usent d'eux pour se maintenir dans leur propre intérêt comme classe gouvernante. Il n'y a plus qu'une question de temps pour que le monde ouvrier se libère de tous les liens qui l'enserrent et le font prisonnier du capitalisme. Le mouvement de libération non seulement est britannique, mais encore il est mondial. La Grande-Bretagne sem-

---

(1) La politique protectionniste britannique et française, la politique de lutte contre les gouvernements communistes sont des facteurs de l'affamement vers lequel l'Europe marche d'un pas lent mais sûr. L'enrichissement scandaleux des industriels et des commerçants, cause de la diminution de production ouvrière, est aussi un facteur de la disette prochaine.

ble seulement précéder l'évolution du reste du continent comme elle le fit au XVII° siècle avec sa révolution bourgeoise.

Actuellement le monde entier est en face de la révolution sociale. Deux voies y conduisent. La voie brusque, violente, catastrophique, rouge de sang, est celle que le peuple russe a pris. La voie plus lente, encore que brusquée par moments, usant conjointement et successivement des procédés parlementaires et d'action directe, combinant les syndicats et les conseils ouvriers, est celle que le peuple britannique paraît avoir adoptée. Quelle que soit la voie que prenne le monde, la révolution sociale est en marche. Déclanchée et accélérée par la longueur de la guerre mondiale, la révolution sociale est en train de se faire.

Aurillac. — Imprimerie Ouvrière, 3, rue du Prince.

www.ingramcontent.com/pod-product-compliance
Lightning Source LLC
LaVergne TN
LVHW010402060726
842526LV00005B/1464